17047

VIGNOLE CENTÉSIMAL.

DE L'IMPRIMERIE DE CRAPELET,

RUE DE VAUGIRARD, N° 9.

VIGNOLE CENTÉSIMAL

OU

LES RÈGLES

DES CINQ ORDRES D'ARCHITECTURE

DE J. BAROZZIO DE VIGNOLE,

ÉTABLIES

SUR UNE DIVISION DU MODULE EN HARMONIE AVEC LE SYSTÈME ACTUEL DE MESURES;

SUIVI

DU TRACÉ DES MOULURES,

ET DE LA MANIÈRE DE METTRE TRÈS-PROMPTEMENT UN ORDRE EN PROPORTION,
DANS UN ESPACE DONNÉ QUELCONQUE,
SANS LE SECOURS DU MODULE, A L'AIDE DES DIVISIONS MÊMES DU MÈTRE;

PAR F.-A. RENARD, ARCHITECTE.

A PARIS,

CHEZ LADRANGE, ÉDITEUR,

QUAI DES GRANDS-AUGUSTINS, 19,

ET A LA LIBRAIRIE SCIENTIFIQUE-INDUSTRIELLE DE L. MATHIAS (AUGUSTIN),

QUAI MALAQUAIS, 15.

—

1842.

PRÉFACE DU TRADUCTEUR.

Plusieurs architectes modernes, saisis d'admiration à la vue des magnifiques restes des monuments antiques, et voulant reproduire dans leurs compositions les effets résultant de l'ensemble des belles proportions que l'on y remarque, comparèrent entre elles toutes les parties qui constituent les ordres auxquels ces précieux restes devaient leurs principaux caractères de force, de légèreté ou de grandeur ; et de cette comparaison faite avec plus ou moins de soin, de goût et de discernement, ils essayèrent de déduire des règles fixes et invariables qu'ils réservèrent d'abord pour leur propre usage, et qu'ils publièrent ensuite sous le titre d'*Études sur les cinq Ordres d'architecture*. Ce fut principalement dans le cours du XVIᵉ siècle, sous le gouvernement des Médicis et de François Iᵉʳ, alors que les arts et les lettres commençaient à se relever de l'état de décadence et d'oubli dans lequel ils étaient plongés depuis les siècles brillants de Périclès, d'Auguste et d'Adrien, que ces études eurent lieu. Les plus remarquables qui parurent alors furent celles de Palladio, de Scamozzi et de Barozzio de Vignole, les trois plus célèbres architectes du temps.

Parmi ces œuvres, celle de Vignole, dont aujourd'hui nous donnons une nouvelle traduction, fut la plus généralement appréciée ; elle mérita à son auteur le titre de *législateur de l'architecture*. Elle n'a pas cessé depuis lors d'être entre les mains de tous ceux qui pratiquent l'art de bâtir ; elle est encore de nos jours le guide de l'ouvrier aussi bien que celui de l'architecte, en un mot elle est devenue classique.

Ce n'est point en tête d'une traduction de cette œuvre qu'il convient d'examiner si la préférence dont elle est l'objet est réellement méritée ; respectant à cet égard le jugement de trois siècles consécutifs, nous la livrons telle que son auteur l'a conçue, n'y apportant

1

autre chose qu'un changement d'expression réclamé, selon nous, par un besoin réel né de l'époque dans laquelle nous vivons.

Bien que le titre que nous plaçons en tête de cette nouvelle traduction indique suffisamment la nature du besoin dont nous venons de parler, et doive, au premier coup d'œil, faire deviner tous les avantages qui peuvent résulter de l'obligation d'y répondre, néanmoins nous croyons, à ce sujet, devoir entrer dans quelques développements.

La mesure appelée *module,* au moyen de laquelle Vignole détermine les rapports et les proportions des divers membres qui constituent les ordres d'architecture, est, comme on le sait, égale à la moitié du diamètre inférieur du fût de la colonne, ou, si l'on veut, au rayon du cercle de la colonne pris immédiatement au-dessus de sa base. Cette mesure est divisée en douze parties pour les ordres toscan et dorique, et en dix-huit pour les trois autres ordres; les nombres de ces divisions, tous deux multiples à la fois des nombres 2 et 3, étaient en cela, pour le temps où vivait cet auteur, parfaitement en rapport avec le principe sur lequel reposaient alors les meilleurs systèmes de mesures. D'autres architectes, au nombre desquels se trouvaient Palladio et Scamozzi, prenant aussi ce même principe pour base, mais voulant étendre les ressources du module, portèrent sa division à trente parties. Dans ces trois différents cas, les quantités obtenues étant encore beaucoup trop fortes pour déterminer les proportions des plus petits membres ou moulures des ordres, ces auteurs eurent tous recours aux subdivisions des trois quarts, deux tiers, demi, un tiers et un quart de parties; ce qui, par le fait, dans le cas où il s'agissait de trois quarts de parties, divisait les deux modules de Vignole, l'un en seize et l'autre en vingt-quatre parties; quand il s'agissait des deux tiers, l'un en dix-huit et l'autre en vingt-sept; dans le cas des demi, l'un en vingt-quatre et l'autre en trente-six; dans celui des tiers, l'un en trente-six et l'autre en cinquante-quatre; enfin, lorsqu'il s'agissait des quarts, la division se trouvait portée à quarante-huit parties pour le premier module, et à soixante-douze pour le second.

Qu'on juge combien il était difficile, à travers cette confusion de rapports divers, s'accroissant encore toutes les fois qu'en tête des fractions venaient se placer une ou plusieurs parties du module, combien, disons-nous, il était difficile de saisir la vraie proportion existant entre la quantité dont on avait à s'occuper et l'unité dont elle émanait. Mais, nous le répétons, n'accusons en cela ni Vignole ni les auteurs qui vivaient de son temps ; leurs divers modes de divisions et subdivisions du module étaient en parfaite harmonie avec les systèmes alors suivis pour tout ce qui était soumis au calcul. Le temps où l'on devait amener le calcul des fractions à toute la simplicité des opérations sur nombres entiers, ce temps où les rapports des parties avec le tout devaient s'exprimer instantanément par le nom même de leur valeur figurée, n'était pas arrivé ; le système décimal, enfin, que nous possédons en ce moment, et que nous voyons universellement admis, n'existait pas.

Les avantages aujourd'hui bien démontrés et incontestables que ce précieux système apporte avec lui partout où il est introduit, nous ont fait songer à l'appliquer à cette partie de l'architecture dont nous nous occupons en ce moment, persuadé qu'il devait également contribuer beaucoup à en faciliter l'étude.

A cet effet, nous avons divisé le module, pour les cinq différents ordres de Vignole, en cent parties égales, auxquelles nous donnons la dénomination de *centièmes* ou de *quantités centésimales*.

De ce mode de division résulte : 1°. qu'étant commun à tous les ordres, il devient possible, non-seulement de pouvoir comparer l'un avec l'autre les membres appartenant à un même ordre, mais de pouvoir également étendre cette comparaison aux membres dépendant de chacun des quatre autres. Ainsi deux moulures affectées de la même quantité, appartenant à deux ordres différents, seront proportionnellement égales entre elles ; ce qui n'avait pas lieu par le fait de la double division de Vignole, d'où il résultait, par exemple, que quatre parties présentant une valeur égale au tiers du module pour les ordres toscan et dorique, n'en étaient plus que les deux neuvièmes pour les ordres ionique, corinthien et composite ;

2°. Que dans les différentes opérations auxquelles il est nécessaire de se livrer pour mettre un ordre en proportion, la grande facilité attachée à la pratique du système décimal va se trouver substituée aux difficultés que faisait naître l'emploi des anciennes fractions, telles que les tiers, demi, trois quarts, etc., dont se subdivisaient, selon Vignole, les douze ou dix-huit parties du module; difficultés qui se feraient sentir d'autant plus qu'on se familiarisera davantage avec la pratique du système décimal;

3°. Que les quantités centésimales ayant la faculté d'exprimer *instantanément,* comme nous l'avons déjà dit, et par *le nom même* de leur valeur figurée, les rapports qui existent entre elles et l'unité dont elles émanent, nous faisons jouir de cette faculté le genre d'étude qui, selon nous, doit en tirer l'avantage le plus marqué.

En effet, sur quoi repose l'étude des ordres d'architecture? sinon sur la science des proportions, dont la propriété, comme on le sait, est d'établir un rapport de réciprocité entre l'unité et ses parties; or, quoi de plus avantageux, pour celui qui veut se livrer à cette étude, qu'un mode de division qui lui permet de saisir à première vue le rapport en question, sans le plus petit calcul préalable? N'aura-t-il pas pour lui le précieux résultat d'aider puissamment sa mémoire, et de faire qu'en fort peu de temps il pourra mettre, de souvenir, un ordre en proportion, ce qu'auparavant les valeurs, en apparence vagues et indéterminées, des anciennes cotes rendaient excessivement difficile? Ainsi, que pouvait, par exemple, présenter à son esprit une cote écrite de cette manière: deux parties et demie? Et d'abord, de quelle division du module dépendait cette valeur? Était-ce de celle en douze parties? Dans ce cas, ce n'était pas sans quelque peine qu'il parvenait à savoir qu'elle était les cinq vingt-quatrièmes du module. Était-ce au contraire de la division en dix-huit parties? Ce n'était encore qu'après s'être livré à quelques calculs qu'il découvrait qu'elle en était les cinq trente-sixièmes. Or, la *division centésimale,* en rendant la première valeur par 0$^{mod.}$,21 (21 centièmes), et la seconde par 0$^{mod.}$,14 (14 centièmes), exprime tout aussitôt, de la manière la plus palpable et la plus intelligible, non-seulement la différence qui règne entre ces valeurs, mais aussi les rapports respectifs que toutes deux ont avec le module qui est l'unité dont elles émanent.

4°. Et, enfin, les divisions du module devenant proportionnellement égales aux divisions du mètre, ces dernières, ainsi que le fait voir la méthode dont nous donnons la description à la fin de cet ouvrage, peuvent servir, dans tous les cas possibles, à mettre un ordre quelconque en proportion, sans qu'il soit besoin de faire une division particulière du module de cet ordre.

La méthode dont nous parlons, fondée sur les propriétés des triangles semblables, sous le rapport de la précision et de la grande promptitude qu'elle apporte dans la pratique du dessin, sera précieuse pour l'étude et surtout pour la mise au net ou le *rendu* des projets d'architecture dans lesquels les ordres figurent d'ordinaire sous une assez petite échelle. Si, ne voulant pas toujours employer ce moyen, on a recours à la division du module, nous conseillons de faire cette division, non sous la forme de l'*échelle des parties égales*, mais sous celle de l'*échelle des dixmes*, dont nous donnons également la description. Cette échelle sera bien préférable en ce qu'elle donnera avec la plus grande précision les parties centésimales du module et avec assez d'approximation celles millésimales, si l'on juge à propos d'y avoir recours.

Nous terminons cette préface par une suite de tableaux dans lesquels nous nous sommes appliqué à traduire, avec la plus grande exactitude possible, en quantités centésimales et millésimales toutes les valeurs servant d'expression aux membres ou moulures qui constituent les ordres de Vignole. Pensant qu'il suffisait, pour la pratique du dessin, de n'atteindre qu'aux centièmes du module, nos planches ne donnent généralement que ces quantités : c'est ce qui nous a fait donner de préférence au module le nom de *centésimal* au lieu de celui de *millésimal* que la composition de nos tableaux lui mériterait au même titre; mais, nous le répétons, et il suffira, pour s'en convaincre, de jeter un coup d'œil sur nos tableaux, la traduction centésimale est partout suffisante, si ce n'est cependant dans la modénature des bases ionique, corinthienne et composite, où nous nous sommes vu forcé, sur les planches elles-mêmes, d'atteindre aux millièmes, afin d'exprimer avec justesse la valeur des nombreux et très-petits filets que l'on remarque sur les bases en question. Du reste, nos tableaux donneront toujours aux personnes qui voudront atteindre partout une exactitude pour ainsi dire mathématique, la possibilité d'y arriver; ils sont, en outre, disposés de manière à pouvoir apporter plus de facilité que les planches elles-mêmes dans la mise en proportion d'un ordre, attendu qu'ils présentent de vrais *comptes-faits* qu'il n'est pas facile d'appliquer sur les planches. Pouvant donc, au moyen de ces tableaux, fixer les hauteurs et les saillies de tous les membres qui constituent les ordres dans toutes leurs parties, on n'aura réellement besoin d'avoir recours aux planches que pour s'y rendre compte du contour et de l'ornementation des moulures.

Nous n'avons pas donné sur les tableaux les saillies des volutes et des feuilles des chapiteaux corinthien et composite qu'on sait ne pouvoir bien déterminer qu'au moyen de leurs projections horizontales ; dans ce cas seulement, pour achever sur ce point les deux ordres dont ces chapiteaux font partie, on se reportera aux planches qui donnent respectivement la description graphique de ces projections.

Nota. Toutes les valeurs cotées sur les planches non précédées de l'unité exprimeront des centièmes du module.

DIVISION DU MODULE EN DOUZE PARTIES POUR LES ORDRES TOSCAN ET DORIQUE.			DIVISION DU MODULE EN DIX-HUIT PARTIES POUR LES ORDRES IONIQUE, CORINTHIEN ET COMPOSITE.		
DÉSIGNATION DES PARTIES et de leurs fractions.	RAPPORT DES PARTIES et de leurs fractions avec le module.	QUANTITÉS CENTÉSIMALES suivies des millièmes.	DÉSIGNATION DES PARTIES et de leurs fractions.	RAPPORT DES PARTIES et de leurs fractions avec le module.	QUANTITÉS CENTÉSIMALES suivies des millièmes.
parties.		mod.	parties.		mod.
» $\frac{1}{4}$	$\frac{1}{48}$	0,021	» $\frac{1}{4}$	$\frac{1}{72}$	0,014
» $\frac{1}{3}$	$\frac{1}{36}$	0,028	» $\frac{1}{3}$	$\frac{1}{54}$	0,018
			» $\frac{1}{2}$	$\frac{1}{36}$	0,028
» $\frac{1}{2}$	$\frac{1}{24}$	0,042	» $\frac{2}{3}$	$\frac{1}{27}$	0,037
» $\frac{2}{3}$	$\frac{1}{18}$	0,055	» $\frac{3}{4}$	$\frac{1}{24}$	0,042
» $\frac{3}{4}$	$\frac{1}{16}$	0,062	1 »	$\frac{1}{18}$	0,056
1 »	$\frac{1}{12}$	0,083	2 »	$\frac{1}{9}$	0,111
2 »	$\frac{1}{6}$	0,167	3 »	$\frac{1}{6}$	0,167
3 »	$\frac{1}{4}$	0,250	4 »	$\frac{2}{9}$	0,222
			5 »	$\frac{5}{18}$	0,278
4 »	$\frac{1}{3}$	0,333	6 »	$\frac{1}{3}$	0,333
5 »	$\frac{5}{12}$	0,417	7 »	$\frac{7}{18}$	0,389
			8 »	$\frac{4}{9}$	0,444
6 »	$\frac{1}{2}$	0,500	9 »	$\frac{1}{2}$	0,500
			10 »	$\frac{5}{9}$	0,555
7 »	$\frac{7}{12}$	0,583	11 »	$\frac{11}{18}$	0,611
8 »	$\frac{2}{3}$	0,667	12 »	$\frac{2}{3}$	0,667
			13 »	$\frac{13}{18}$	0,722
9 »	$\frac{3}{4}$	0,750	14 »	$\frac{7}{9}$	0,778
10 »	$\frac{5}{6}$	0,833	15 »	$\frac{5}{6}$	0,833
			16 »	$\frac{8}{9}$	0,889
11 »	$\frac{11}{12}$	0,917	17 »	$\frac{17}{18}$	0,944
12 »	1	1,000	18 »	1	1,000

ORDRE TOSCAN.

DÉSIGNATION DES PRINCIPAUX MEMBRES ET DES MOULURES qui constituent l'ordre entier.			COTES SELON VIGNOLE. MODULE DIVISÉ EN DOUZE PARTIES. Saillies à partir de l'axe de la colonne.	Hauteurs			COTES CENTÉSIMALES SUIVIES DES MILLIÈMES. Saillies à partir de l'axe de la colonne.	Hauteurs		
			mod. p.	mod. p.	mod. p.	mod. p.	mod.	mod.	mod.	mod.
ENTABLEMENT.	CORNICHE.	Ove ou Quart de rond........	2 3 ½	» 4 »			2,292	0,333		
		Astragale ou Baguette.......	2 » »	» 1 »			2,000	0,083		
		Réglet ou Filet.............	1 11 ½	» » ½			1,959	0,042		
		Larmier.....................	1 10 ½	» 6 »	1 4 »		1,875	0,500	1,333	
		Filet ou Réglet.............	1 7 ½	» » ½			1,625	0,042		
		Talon.......................	*1 1 ½ » 10 »	» 4 »		3 6 »	1,125 0,833	0,333		3,500
	FRISE.	Frise.......................	» 9 ½	1 2 »	1 2 »		0,792	1,167	1,167	
	ARCHITR.	Listel......................	» 11 ½	» 2 »	1 » »		0,959	0,167	1,000	
		Face de l'architrave...... ..	» 9 ½	» 10 »			0,792	0,833		
COLONNE.	CHAPITEAU.	Listel ou Règle de l'abaque...	1 2 ½	» 1 »			1,209	0,083		
		Face de l'Abaque ou Tailloir..	1 1 ½	» 3 »			1,125	0,250		
		Ove ou Échine...............	1 1 »	» 3 »	1 » »		1,083	0,250	1,000	
		Filet ou Anneau.............	» 10 ½	» 1 »			0,875	0,083		
		Gorgerin ou Colarin.........	» 9 ½	» 4 »			0,792	0,334		
	FUT.	Astragale. Baguette.........	» 11 »	» 1 »			0,917	0,083		
		Astragale. Ceinture.........	» 10 ½	» » ½	12 » »	14 » »	0,875	0,042	12,000	14,000
		Fût ou Vif de la colonne.	*» 9 ½ 1 » »	11 10 ½			0,792 1,000	11,875		
	BASE.	Listel ou Ceinture..........	1 1 ½	» 1 »			1,125	0,083		
		Tore........................	1 4 ½	» 5 »	1 » »		1,375	0,417	1,000	
		Plinthe.....................	1 4 ½	» 6 »			1,375	0,500		
PIÉDESTAL.	CORNICHE.	Réglet ou Listel............	1 8 ½	» 2 »	» 6 »		1,709	0,167	0,500	
		Talon.......................	1 8 » 1 5 »	» 4 »			1,667 1,417	0,333		
	DÉ.	Dé..........................	1 4 ½	3 8 »	3 8 »	4 8 »	1,375	3,667	3,667	4,667
	BASE.	Réglet ou Listel............	1 6 ½	» 1 »	» 6 »		1,542	0,083	0,500	
		Socle....	1 8 ½	» 5 »			1,709	0,417		
		Hauteur totale de l'ordre.....				mod. p. 22 2 »	Haut. totale de l'ordre.			mod. 22,167

* Quand deux cotes sont en regard d'un membre ou d'une moulure quelconques, la première indique leur distance de l'axe à leur partie supérieure, et la deuxième, cette même distance à leur partie inférieure.

ORDRE DORIQUE DENTICULAIRE.

		DÉSIGNATION DES PRINCIPAUX MEMBRES ET DES MOULURES qui constituent l'ordre entier.	COTES SELON VIGNOLE. MODULE DIVISÉ EN DOUZE PARTIES. SAILLIES à partir de l'axe de la colonne.	HAUTEURS.			COTES CENTÉSIMALES SUIVIES DES MILLIÈMES. SAILLIES à partir de l'axe de la colonne.	HAUTEURS.		
			mod. p.	mod. p.	mod. p.	mod. p.	mod.	mod.	mod.	mod.
ENTABLEMENT.	CORNICHE.	Réglet	2 10 »	» 1 »			2,833	0,083		
		Cavet	2 7 »	» 3 »			2,583	0,250		
		Filet	2 6 ½	» » ½			2,542	0,042		
		Talon	2 6 » / 2 5 »	» 1 ½			2,500 / 2,417	0,125		
		Larmier	2 4 ½	» 4 »			2,375	0,333		
		Filet	2 2 »	» » ½	1 6 »		2,167	0,042	1,500	
		Goutte sous le larmier	2 1 ½	» » ½			2,125	0,042		
		Denticules	1 3 »	» 2 ½			1,250	0,209		
		Filet	1 1 »	» » ½			1,083	0,042		
		Talon	1 » ½ / » 11 ½	» 2 »			1,042 / 0,959	0,166		
		Chapiteaux des triglyphes	» 11 »	» 2 »		4 » »	0,917	0,166		4,000
	FRISE.	Frise	» 10 »	1 6 »	1 6 »		0,833	1,500	1,500	
	ARCHITR.	Bandelette ou Cimaise	» 11 ½	» 2 »	1 » »		0,959	0,167	1,000	
		Face ou Platebande	» 10 »	» 10 »			0,833	0,833		
COLONNE.	CHAPITEAU.	Réglet	1 3 ½	» » ½			1,292	0,042		
		Talon	1 3 ¼ / 1 2 ¼	» 1 »			1,271 / 1,188	0,083		
		Face ou Gouttière	1 2 »	» 2 ½	1 » »		1,167	0,209	1,000	
		Ove ou Échine	1 1 ¾	» 2 ½			1,146	0,209		
		Trois Annelets ou Filets	» 11 ½ / » 10 ½	» 1 ½			0,959 / 0,875	0,124		
		Gorgerin, Colarin ou Frise	» 10 »	» 4 »			0,833	0,333		
	FUT.	Baguette	1 » »	» 1 »			1,000	0,083		
		Filet, Ceinture ou Congé	» 11 ½	» » ½	14 » »	16 » »	0,959	0,042	14,000	16,000
		Fût ou Vif	» 10 » / 1 » »	13 10 ½			0,833 / 1,000	13,875		
	BASE.	Filet	1 1 ¼	» 1 »			1,104	0,083		
		Baguette	1 2 »	» 1 »	1 » »		1,167	0,083	1,000	
		Tore	1 5 »	» 4 »			1,417	0,334		
		Socle	1 5 »	» 6 »			1,417	0,500		
PIÉDESTAL.	CORNICHE.	Réglet	1 11 »	» » ½			1,917	0,042		
		Quart de rond	1 10 ⅔	» 1 »			1,889	0,083		
		Filet	1 9 ⅔	» » ½	» 6 »		1,806	0,042	0,500	
		Larmier	1 9 »	» 2 ½			1,750	0,209		
		Talon	1 6 ½ / 1 5 ½	» 1 ½			1,542 / 1,459	0,124		
	DÉ.	Dé	1 5 »	4 » »	4 » »	5 4 »	1,417	4,000	4,000	5,333
	BASE.	Filet	1 6 »	» » ½			1,500	0,042		
		Baguette	1 7 »	» 1 »			1,583	0,083		
		Talon renversé	1 7 » / 1 8 ½	» 2 »	» 10 »		1,583 / 1,708	0,166	0,833	
		Plinthe	1 9 »	» 2 ½			1,750	0,209		
		Socle	1 9 ½	» 4 »			1,792	0,333		
		Hauteur totale de l'ordre				mod. p. 25 4 »	Haut. totale de l'ordre.			mod. 25,333

ORDRE DORIQUE MUTULAIRE.

DÉSIGNATION DES PRINCIPAUX MEMBRES ET DES MOULURES qui constituent l'ordre entier.			COTES SELON VIGNOLE. MODULE DIVISÉ EN DOUZE PARTIES.				COTES CENTÉSIMALES SUIVIES DES MILLIÈMES.			
			SAILLIES à partir de l'axe de la colonne (mod. p.)	HAUTEURS (mod. p.)	(mod. p.)	(mod. p.)	SAILLIES à partir de l'axe de la colonne (mod.)	HAUTEURS (mod.)	(mod.)	(mod.)
ENTABLEMENT	CORNICHE	Réglet	2 10 »	» 1 »			2,833	0,083		
		Cimaise ou Doucine	2 10 »	» 3 »			2,833	0,250		
		Filet	2 7 »	» » 1/2			2,583	0,042		
		Talon	2 6 3/4 ; 2 6 1/4	» 1 »			2,562 ; 2,521	0,083		
		Larmier	2 6 »	» 3 1/2			2,500	0,292		
		Talon des mutules	2 5 1/2 ; 2 4 3/4	» 1 »	} 1 6 »		2,459 ; 2,396	0,083	} 1,500	
		Mutules	2 4 1/2	» 3 »			2,375	0,250		
		Gouttes	2 3 »	» » 1/2			2,250	0,042		
		Quart de rond	1 1 1/2	» 2 »			1,125	0,167		
		Filet	» 11 1/2	» » 1/2			0,959	0,042		
		Chapiteau des triglyphes	» 11 »	» 2 »	} 4 » »	} 4,000	0,917	0,166		} 4,000
	FRISE	Frise	» 10 »	1 6 »	1 6 »		0,833	1,500	1,500	
	ARCHITR.	Bandelette	1 » »	» 2 »			1,000	0,167		
		Deuxième ou Grande face	» 10 1/2	» 6 »	} 1 » »		0,875	0,500	} 1,000	
		Première ou Petite face	» 10 »	» 4 »			0,833	0,333		
COLONNE	CHAPITEAU	Réglet	1 3 »	» » 1/2			1,250	0,042		
		Talon	1 2 3/4 ; 1 2 1/4	» 1 »			1,229 ; 1,188	0,083		
		Face ou Gouttière	1 2 »	» 2 1/2	} 1 » »		1,167	0,209	} 1,000	
		Quart de rond taillé d'oves	1 1 3/4	» 2 1/2			1,146	0,209		
		Baguette	» 11 1/2	» 1 »			0,959	0,083		
		Filet	» 10 3/4	» » 1/2			0,889	0,042		
		Gorgerin	» 10 »	» 4 »			0,833	0,332		
	FÛT	Baguette	» 11 1/2	» 1 »			0,959	0,083		
		Filet, Ceinture ou Congé	» 11 »	» » 1/4	} 14 » »	} 16 » »	0,917	0,042	} 14,000	} 16,000
		Fût ou Vif	» 10 » ; 1 » »	13 10 1/2			0,833 ; 1,000	13,875		
	BASE	Filet	1 1 1/4	» 1 »			1,104	0,083		
		Baguette	1 2 »	» 1 »	} 1 » »		1,167	0,083	} 1,000	
		Tore	1 5 »	» 4 »			1,417	0,334		
		Socle	1 5 »	» 6 »			1,417	0,500		
PIÉDESTAL	CORNICHE	Réglet	1 11 »	» » 1/2			1,917	0,042		
		Quart de rond	1 10 1/2	» 1 »			1,889	0,083		
		Filet	1 9 1/2	» » 1/2	} » 6 »		1,806	0,042	} 0,500	
		Larmier	1 9 »	» 2 1/2			1,750	0,209		
		Talon	1 6 1/2 ; 1 5 1/2	» 1 1/2			1,542 ; 1,459	0,124		
	DÉ	Dé	1 5 »	4 » »	4 » »	} 5 4 »	1,417	4,000	4,000	} 5,333
	BASE	Filet	1 6 »	» » 1/3			1,500	0,042		
		Baguette	1 7 »	» 1 »			1,583	0,083		
		Talon renversé	1 7 » ; 1 8 1/2	» 2 »	} » 10 »		1,583 ; 1,708	0,166	} 0,833	
		Plinthe	1 9 »	» 2 1/3			1,750	0,209		
		Socle	1 9 1/2	» 4 1/3			1,792	0,333		

Hauteur totale de l'ordre............ 25 4 » (mod. p.)

Haut. totale de l'ordre. 25,333 (mod.)

ORDRE IONIQUE.

DÉSIGNATION des principaux membres et des moulures qui constituent l'ordre entier.			COTES SELON VIGNOLE. Module divisé en dix-huit parties. — Saillies à partir de l'axe de la colonne.	Hauteurs.			COTES CENTÉSIMALES suivies des millièmes. — Saillies à partir de l'axe de la colonne.	Hauteurs.		
			mod. p.	mod. p.	mod. p.	mod. p.	mod.	mod.	mod.	mod.
ENTABLEMENT.	CORNICHE.	Réglet	2 10 »	» 1 1/2			2,556	0,083		
		Cimaise ou Doucine	2 10 »	» 5 »			2,556	0,278		
		Filet	2 5 »	» » 1/2			2,278	0,028		
		Talon	2 4 1/2 2 3 »	» 2 »			2,250 2,167	0,111		
		Larmier	2 2 1/2	» 6 »			2,139	0,333		
		Ove ou Quart de rond	1 10 1/2	» 4 »	1 13 1/2		1,583	0,222	1,750	
		Baguette	1 7 1/2	» 1 »			1,417	0,056		
		Filet	1 6 3/4	» » 1/2			1,375	0,028		
		Denticules	1 6 »	» 6 »			1,333	0,333		
		Filet	1 2 »	» 1 »			1,111	0,056		
		Talon	1 1 1/4 » 15 3/4	» 4 »		4 9 »	1,069 0,875	0,222		4,500
	FRISE.	Frise	» 15 »	1 9 »	1 9 »		0,833	1,500	1,500	
	ARCHITRAVE.	Réglet	1 2 »	» 1 1/2			1,111	0,083		
		Talon	1 1 1/3 » 17 1/4	» 3 »			1,074 0,958	0,167		
		Troisième ou Grande face	» 16 1/2	» 7 1/2	1 4 1/2		0,917	0,417	1,250	
		Deuxième ou Moyenne face	» 15 3/4	» 6 »			0,875	0,333		
		Première ou Petite face	» 15 »	» 4 1/2			0,833	0,250		
COLONNE.	CHAPITEAU.	Réglet	1 2 »	» 1 »			1,111	0,056		
		Talon	1 1 1/2 » 17 1/2	» 2 »	1 1 »		1,083 0,972	0,111	1,056	
		Volutes	1 8 »	» 16 »			1,444	0,889		
	FÛT.	Fût	» 15 » 1 » »	15 15 1/2	15 17 »	18 » »	0,833 1,000	15,861	15,944	18,000
		Filet	1 2 »	» 1 1/2			1,111	0,083		
	BASE.	Tore	1 5 »	» 5 »			1,278	0,277		
		Filet	1 2 1/2	» » 1/4			1,139	0,014		
		Deuxième scotie	1 2 »	» 2 »			1,111	0,111		
		Filet	1 4 1/2	» » 1/4			1,250	0,014		
		Baguette	1 5 »	» 1 »			1,278	0,056		
		Idem	1 5 »	» 1 »	1 » »		1,278	0,056	1,000	
		Filet	1 4 1/2	» » 1/4			1,250	0,014		
		Première scotie	1 4 »	» 2 »			1,222	0,111		
		Filet	1 6 1/2	» » 1/4			1,361	0,014		
		Socle	1 7 »	» 6 »			1,389	0,333		
PIÉDESTAL.	CORNICHE.	Réglet	1 17 »	» » 2/3			1,944	0,037		
		Talon	1 16 2/3 1 15 1/3	» 1 1/3			1,926 1,852	0,074		
		Larmier	1 15 »	» 3 »	» 9 »		1,833	0,167	0,500	
		Quart de rond	1 11 2/3	» 3 »			1,648	0,167		
		Baguette	1 9 1/2	» 1 »			1,528	0,055		
	DÉ.	Listel	1 8 2/3	» 1 »			1,481	0,056		
		Dé	1 7 »	4 16 »	5 » »	6 » »	1,389	4,888	5,000	6,000
		Listel	1 9 »	» 1 »			1,500	0,056		
	BASE.	Baguette	1 10 »	» 1 1/3			1,556	0,074		
		Doucine renversée	1 14 1/3	» 3 »	» 9 »		1,796	0,167	0,500	
		Filet	1 14 1/3	» » 2/3			1,796	0,037		
		Socle	1 15 »	» 4 »			1,833	0,222		
Hauteur totale de l'ordre						mod. p. 28 9 »	Haut. totale de l'ordre.			mod. 28,500

ORDRE CORINTHIEN.

DÉSIGNATION DES PRINCIPAUX MEMBRES ET DES MOULURES qui constituent l'ordre entier.	COTES SELON VIGNOLE. MODULE DIVISÉ EN DIX-HUIT PARTIES. Saillies à partir de l'axe de la colonne. (mod. p.)	Hauteurs. (mod. p / mod. p / mod. p / mod. p)	COTES CENTÉSIMALES SUIVIES DES MILLIÈMES. Saillies à partir de l'axe de la colonne. (mod.)	Hauteurs. (mod. / mod. / mod. / mod.)
ENTABLEMENT — CORNICHE				
Réglet	2 17 »	» 1 »	2,944	0,056
Cimaise ou Doucine	2 17 »	» 5 »	2,944	0,278
Filet	2 12 »	» » 1/2	2,667	0,028
Talon	2 11 2/3 / 2 10 1/3	» 1 1/2	2,648 / 2,574	0,083
Larmier	2 10 »	» 5 »	2,556	0,278
Talon	2 9 2/3 / 2 8 1/2	» 1 1/2	2,537 / 2,472	0,083
Modillons	2 8 1/2	» 6 » — 2 » »	2,472	0,333 — 2,000
Filet	1 10 1/2	» » 1/2	1,584	0,028
Quart de rond ou Ove	1 10 »	» 4 »	1,556	0,222
Baguette	1 7 1/3	» 1 »	1,407	0,056
Filet	1 6 1/2	» » 1/2	1,361	0,028
Denticules	1 6 »	» 6 »	1,333	0,333
Filet	1 2 »	» » 1/2	1,111	0,028
Talon	1 » » / » 17 »	» 3 »	1,000 / 0,944	0,166
(total cornice)		5 » »		5,000
ENTABLEMENT — FRISE				
Baguette	» 16 2/3	» 1 »	0,926	0,056
Filet	» 16 »	» » 1/2 — 1 9 »	0,944	0,028 — 1,500
Frise	» 15 »	1 7 1/2	0,833	1,416
ENTABLEMENT — ARCHITRAVE				
Réglet	1 2 »	» 1 »	1,111	0,056
Talon	1 1 1/2 / » 17 »	» 4 »	1,083 / 0,944	0,222
Baguette	» 17 »	» 1 »	0,944	0,056
Troisième ou Grande face	» 16 1/2	» 7 » — 1 9 »	0,917	0,389 — 1,500
Talon	» 16 1/4 / » 15 3/4	» 2 »	0,903 / 0,875	0,111
Deuxième ou Moyenne face	» 15 1/2	» 6 »	0,861	0,333
Baguette	» 15 1/2	» 1 »	0,861	0,056
Première ou Petite face	» 15 »	» 5 »	0,833	0,277
COLONNE — CHAPITEAU				
Ove ou Quart de rond	» 2 »		....	0,111
Filet	» 1 »		....	0,056
Tailloir	» 3 »		....	0 166
Bord du vase	» 2 »		....	0,111
Volutes	» 6 »	2 6 »	....	0,333 — 2,333
Feuilles des caulicoles	» 4 »		....	0,222
Rebord des feuilles du deuxième rang	» 3 »		....	0,167
Feuilles du deuxième rang	» 9 »		....	0,500
Rebord des feuilles du premier rang	» 3 »		....	0,167
Feuilles du premier rang	» 9 »		....	0,500
COLONNE — FUT				
Baguette	1 » »	» 2 »	1,000	0,111
Filet ou Ceinture	» 16 1/2	» 1 »	0,917	0,056
Fût	» 15 » / 1 » »	16 7 1/2 — 16 12 » — 20 » »	0,833 / 1,000	16,417 — 16,667 — 20,000
Orle ou Ceinture	1 2 »	» 1 1/2	1,111	0,083
COLONNE — BASE				
Tore supérieur	1 4 »	» 3 »	1,222	0,167
Filet	1 2 1/2	» » 1/4	1,139	0,014
Scotie supérieure	1 2 »	» 1 1/2	1,111	0,083
Filet	1 3 »	» » 1/4	1,167	0,014
Baguette	1 3 1/2	» 1 1/2	1,195	0,028
Idem	1 3 1/2	» » 1/2 — 1 » »	1,195	0,028 — 1,000
Filet	1 3 »	» » 1/4	1,167	0,014
Scotie inférieure	1 2 1/2	» 1 1/2	1,139	0,083
Filet	1 5 »	» » 1/4	1,278	0,014
Tore inférieur	1 5 »	» 4 »	1,389	0,222
Plinthe	1 7 »	» 6 »	1,389	0,333
PIÉDESTAL — CORNICHE				
Réglet	1 15 »	» » 2/3	1,833	0,037
Talon	1 14 2/3 / 1 14 »	» 1 1/3	1,815 / 1,778	0,074
Larmier	1 13 1/2	» 3 »	1,750	0,166
Gorge	1 10 1/4	» 1 » — » 14 »	1,570	0,056 — 0,778
Baguette	1 8 3/4	» 1 »	1,486	0,056
Filet	1 8 »	» 1 »	1,444	0,056
Frise	1 7 »	» 5 »	1,389	0,277
Baguette	1 9 »	» 1 »	1,500	0,056
PIÉDESTAL — DÉ				
Listel	1 8 1/3	» 1 »	1,463	0,056
Dé	1 7 »	5 8 » — 5 10 » — 7 » »	1,389	5,444 — 5,556 — 7,000
Listel	1 8 1/2	» 1 »	1,472	0,056
PIÉDESTAL — BASE				
Baguette	1 9 1/2	» 1 »	1,528	0,056
Doucine renversée	1 13 »	» 3 »	1,722	0,166
Filet	1 13 »	» 1 » — » 12 »	1,722	0,056 — 0,666
Tore	1 15 »	» 3 »	1,833	0,166
Plinthe	1 15 »	» 4 »	1,833	0,222

Hauteur totale de l'ordre .... 32 » » (mod. p.)   Haut. totale de l'ordre, 32,000 (mod.)

ORDRE COMPOSITE.

DÉSIGNATION DES PRINCIPAUX MEMBRES ET DES MOULURES qui constituent l'ordre entier.	COTES SELON VIGNOLE. MODULE DIVISÉ EN DIX-HUIT PARTIES.				COTES CENTÉSIMALES SUIVIES DES MILLIÈMES.			
	SAILLIES à partir de l'axe de la colonne.	HAUTEURS.			SAILLIES à partir de l'axe de la colonne.	HAUTEURS.		
	mod. p.	mod. p.	mod. p.	mod. p.	mod.	mod.	mod.	mod.
ENTABLEMENT — CORNICHE								
Réglet	2 15 »	» 1 1/2			2,833	0,083		
Doucine ou Cimaise	2 15 »	» 5 »			2,833	0,278		
Filet	2 10 »	» 1 »			2,556	0,056		
Talon	2 9 1/2 / 2 8 1/4	» 2 »			2,528 / 2,458	0,110		
Baguette	2 8 »	» 1 »			2,444	0,056		
Larmier	2 7 »	» 5 »	2 » »		2,389	0,278	2,000	
Doucine	2 5 »	» 1 1/2			2,278	0,083		
Filet	1 15 »	» 1 »			1,833	0,056		
Talon	1 14 1/2 / 1 11 1/2	» 4 »			1,806 / 1,639	0,222		
Denticules	1 11 »	» 8 »			1,611	0,444		
Filet	1 5 »	» 1 »			1,278	0,056		
Ove ou Quart de rond	1 4 1/3	» 5 »		5 » »	1,240	0,278		5,000
FRISE								
Baguette	» 17 »	» 1 »			0,944	0,056		
Filet	» 16 »	» » 1/2	1 9 »		0,889	0,028	1,500	
Frise	» 15 »	1 7 1/2			0,833	1,416		
ARCHITRAVE								
Réglet	1 4 »	» 1 »			1,222	0,056		
Cavet	1 2 »	» 2 »			1,111	0,111		
Quart de rond	1 1 2/3	» 3 »			1,093	0,167		
Baguette	» 17 2/3	» 1 »			0,981	0,056		
Grande face	» 17 »	» 10 »	1 9 »		0,944	0,555	1,500	
Talon	» 16 2/3 / » 15 1/3	» 2 »			0,926 / 0,852	0,111		
Petite face	» 15 »	» 8 »			0,833	0,444		
COLONNE — CHAPITEAU								
Quart de rond		» 1 1/2			....	0,083		
Filet		» » 1/2			....	0,028		
Tailloir		» 4 »			....	0,222		
Espace entre le tailloir et l'ove		» 2 »			....	0,111		
Ove		» 4 »			....	0,222		
Baguette		» 1 1/2	2 6 »		....	0,083	2,333	
Filet		» » 1/2			....	0,028		
Entre le filet et le bas de la volute		» 4 »			....	0,222		
Rebord des feuilles du deuxième rang		» 3 »			....	0,167		
Feuilles du deuxième rang		» 9 »			....	0,500		
Rebord des feuilles du premier rang		» 3 »			....	0,167		
Feuilles du premier rang		» 9 »			....	0,500		
FÛT								
Baguette ou Astragale	1 » »	» 2 »			1,000	0,111		
Filet	» 16 1/2	» 1 »			0,917	0,056		
Fût	» 15 »	16 7 1/2	16 12 »	20 » »	0,833	16,417	16,667	20,000
	1 » »				1,000			
Filet ou Ceinture	1 2 »	» 1 1/2			1,111	0,083		
BASE								
Tore	1 4 »	» 3 »			1,222	0,167		
Filet	1 2 1/2	» » 1/4			1,139	0,014		
Scotie supérieure	1 2 »	» 1 1/2			1,111	0,083		
Filet	1 3 1/4	» » 1/4			1,181	0,014		
Baguette	1 4 »	» » 1/2			1,222	0,028		
Filet	1 3 1/4	» » 1/4	1 » »		1,181	0,014	1,000	
Scotie inférieure	1 2 1/2	» 2 »			1,139	0,111		
Filet	1 4 1/2	» » 1/4			1,250	0,014		
Tore	1 7 »	» 4 »			1,389	0,222		
Socle	1 7 »	» 6 »			1,389	0,333		
PIÉDESTAL — CORNICHE								
Réglet	1 15 »	» » 2/3			1,833	0,037		
Talon	1 14 3/4 / 1 13 3/4	» 1 1/3			1,819 / 1,764	0,074		
Larmier	1 13 1/2	» 3 »			1,750	0,166		
Doucine	1 10 1/2	» 1 1/2	» 14 »		1,583	0,083	0,778	
Filet	1 8 1/2	» » 1/2			1,472	0,028		
Cavet	1 7 1/3	» 1 »			1,407	0,056		
Frise	1 7 »	» 5 »			1,389	0,278		
Baguette	1 9 »	» 1 »			1,500	0,056		
DÉ								
Listel	1 8 1/3	» 1 »		7 » »	1,463	0,056		7,000
Dé	1 7 »	5 8 »	5 10 »		1,389	5,444	5,556	
Listel	1 8 1/2	» 1 »			1,472	0,056		
BASE								
Baguette	1 9 1/2	» 1 »			1,528	0,056		
Talon renversé	1 9 1/2 / 1 12 1/2	» 3 »			1,528 / 1,694	0,166		
Filet	1 13 1/2	» 1 »	» 12 »		1,750	0,056	0,666	
Tore	1 15 »	» 3 »			1,833	0,166		
Socle	1 15 »	» 4 »			1,833	0,222		

Hauteur totale de l'ordre........ mod. p. 32 » » — Haut. totale de l'ordre. mod. 32,000

PRÉFACE DE VIGNOLE.

Lecteur bienveillant, j'entreprends ici de donner une intelligence parfaite de ce petit ouvrage et de rendre compte des raisons qui m'ont déterminé à le composer et à le livrer ensuite au public.

Ayant exercé pendant plusieurs années, en divers pays, l'art de l'architecture, j'ai toujours pris plaisir, en employant ses ornements, à connaître les sentiments de tous ceux qui en ont écrit, et, les comparant entre eux et aux édifices antiques qui subsistent encore, j'ai essayé d'en tirer une règle à laquelle il me fût possible de m'arrêter et qui pût satisfaire, sinon entièrement, du moins en partie, le jugement des personnes ayant une connaissance judicieuse de l'architecture, sans avoir en cela d'autre vue que celle de l'approprier dans l'occasion à mes propres besoins ; pour y parvenir je n'ai point eu d'égard aux opinions diverses qui partagent les auteurs entre eux, et pour appuyer mon dessein sur une base plus ferme, je me suis proposé pour modèles les ornements des cinq ordres qui se font remarquer dans les antiquités de Rome ; et, les considérant tous ensemble, et les examinant avec des mesures exactes, j'ai remarqué que ceux qui paraissent généralement les plus beaux et se présentent aux yeux avec le plus de grâce ont entre eux une certaine harmonie et une correspondance de nombres si peu embarrassée, que les membres les plus petits peuvent servir à mesurer exactement les plus grands dans toutes leurs parties ; de là réfléchissant plus sérieusement combien nos sens se complaisent dans cette harmonie et combien au contraire les choses qui s'en éloignent leur sont désagréables, ainsi que les musiciens le démontrent si parfaitement dans leur science, je me suis appliqué pendant plusieurs années à réduire sous une règle claire, facile et prompte la pratique de ces cinq ordres d'architecture, et le moyen dont je me suis servi pour y parvenir, le voici : Voulant appliquer cette règle, par exemple, à l'ordre dorique, j'ai remarqué que celui du théâtre de Marcellus était le plus universellement approuvé : je l'ai donc pris pour fondement de la règle de cet ordre, et j'en ai déduit les principales parties du mien. Si quelque petit membre ne répondait pas entièrement à la proportion des nombres, ce qui pouvait bien résulter soit de la faute des sculpteurs, soit de quelques accidents, qui, bien que fort minimes, ne laissent pas que d'opérer d'assez grandes différences quand il s'agit de très-petites parties, je n'ai pas hésité à les accommoder à ma règle en m'éloignant le moins possible de leurs mesures et en faisant valoir ces petites licences par l'autorité des autres doriques qui ont le plus de réputation, et en leur empruntant quelques petites parties pour suppléer à celles du théâtre de Marcellus. De sorte que, non comme Zeuxis à l'égard des filles de Crotone, mais comme mon jugement m'a pu guider, j'ai purement composé mes ordres de tous les ordres anciens réunis, n'y apportant de ma part que la distribution des proportions fondée sur des nombres simples, sans me servir de brasses, de pieds et de palmes d'aucun pays, mais seulement d'une mesure arbitraire appelée module, divisée en un certain nombre de parties égales, ainsi qu'on le verra dans l'explication de chaque ordre en particulier. Cela apporte une si grande facilité dans cette partie de l'architecture, en elle-même si compliquée, que quelque médiocre esprit que ce soit, pour peu qu'il ait de goût pour cet art, pourra à première vue, et sans prendre la peine de beaucoup lire, comprendre le tout, et s'en servir avec avantage.

Quoique je n'eusse encore le dessein de rendre cet ouvrage public, je me suis néanmoins laissé vaincre aux prières de mes amis qui le souhaitaient, et encore plus à la libéralité de monseigneur le cardinal Farnèse, qui, outre les obligations que j'ai à son illustre maison d'avoir pu faire les recherches et les démarches nécessaires, m'a donné le moyen de satisfaire en cela mes amis, et de pouvoir vous donner encore un jour d'autres choses plus importantes sur ce sujet, si cette partie est acceptée par vous avec le plaisir que j'ose espérer. Par cette raison je ne pense pas devoir courir au-devant des objections qui sans doute me sont préparées; je laisse à l'ouvrage même le soin d'y répondre, osant compter également à cet égard sur l'appui des personnes judicieuses. Je dirai seulement que si quelqu'un trouve ma méthode trop absolue, en disant qu'on ne peut donner de règle fixe, attendu que, selon l'opinion générale et les maximes de Vitruve, il importe souvent d'augmenter ou de diminuer les proportions des membres et des ornements pour suppléer avec art dans les endroits où notre vue serait trompée par quelque illusion, à cela je réponds que, dans ce cas, il est de toute nécessité de savoir comment chaque objet se présente à la vue, afin de pouvoir en tirer la règle certaine qu'il convient d'observer. On y arrivera par les belles règles de la perspective, dont la pratique est aussi nécessaire à l'architecture qu'à la peinture; c'est pourquoi je pense vous en donner bientôt un traité qui, je l'espère, vous sera agréable.

Mon intention, comme je l'ai déjà dit, n'ayant été que de me faire entendre seulement des personnes qui ont déjà quelque connaissance dans cet art, je n'avais pas mis de noms aux moulures des cinq ordres, supposant qu'ils étaient connus ; mais depuis, ayant eu occasion de remarquer que cet ouvrage plaît encore à beaucoup de personnes du monde ayant le désir de pouvoir entendre sans beaucoup de peine le fond de cet art, et ce qui a rapport à ses ornements dont ils veulent connaître les noms en particulier, je les ai écrits sur les planches de chaque ordre tels qu'ils sont vulgairement connus à Rome, avertissant que l'on n'indiquera que dans le premier ordre le nom des moulures qui sont communes à tous les autres.

RÈGLES

DES

CINQ ORDRES D'ARCHITECTURE

DE J. BAROZZIO DE VIGNOLE.

DES CINQ ORDRES EN GÉNÉRAL.

PLANCHE I.

Ayant à traiter des cinq ordres d'architecture qui sont le Toscan, le Dorique, l'Ionique, le Corinthien et le Composite, il m'a paru convenable d'en donner une idée générale en en dessinant d'abord les figures toutes ensemble, sans cependant y donner leurs mesures particulières. Je n'ai en cela d'autre dessein que de présenter l'effet d'une règle générale dont je fais ensuite l'application à chaque ordre en particulier.

ORDRE TOSCAN.

ENTRECOLONNEMENT TOSCAN.

PLANCHE II.

Je n'ai trouvé parmi les antiquités de Rome aucun ornement toscan sur lequel je pusse me faire une règle comme je l'ai pratiqué à l'égard des ordres Dorique, Ionique, Corinthien et Composite; j'ai eu recours alors à l'autorité de Vitruve, et je me suis servi de la règle qu'il donne dans le chapitre VII

2

du Livre IV, où il est dit que la hauteur de la colonne toscane doit être de 7 fois son diamètre, c'est-à-dire de 14 modules, y compris la base et le chapiteau. A l'égard des autres parties de cet ordre, qui sont l'architrave, la frise et la corniche, j'ai cru devoir y observer la même règle que j'ai trouvée pour les autres ordres, laquelle est de donner à leur ensemble, que l'on nomme *entablement,* le quart de la hauteur de la colonne, c'est-à-dire 3 modules $\frac{1}{2}$ ($3^{mod.},50$). Quant aux mesures des membres particuliers qui constituent chacune des principales parties de l'ordre, elles sont détaillées et minutieusement cotées sur les planches suivantes.

PORTIQUE TOSCAN SANS PIÉDESTAL.

PLANCHE III.

Quand on voudra se servir de l'ordre toscan sans piédestal on divisera toute sa hauteur en 17 parties $\frac{1}{2}$ (17,50); chacune d'elles s'appellera *module* et sera divisée en 12 parties égales (100 parties) qui serviront à former l'ensemble de l'ordre ainsi que chacun de ses membres en particulier, comme on le voit marqué sur la planche en nombres entiers et fractionnaires.

PORTIQUE TOSCAN AVEC PIÉDESTAL.

PLANCHE IV.

Mais lorsqu'on voudra établir le même ordre avec son piédestal, il faudra diviser toute sa hauteur en 22 parties $\frac{1}{6}$ (22,17), attendu que la hauteur du piédestal doit être le tiers de celle de la colonne avec sa base et son chapiteau; ainsi, comme cette hauteur est de 14 modules, le tiers en sera de 4 modules $\frac{2}{3}$ ($4^{mod.},67$), qui, ajoutés à 17 modules $\frac{1}{2}$ ($17^{mod.},50$) que comporte cet ordre sans piédestal, donnent les 22 modules $\frac{1}{6}$ ($22^{mod.},17$).

PIÉDESTAL ET BASE TOSCANS.

PLANCHE V.

Bien qu'il ne soit pas ordinaire de donner un piédestal à l'ordre toscan, j'en donne néanmoins la figure dans cette planche afin de me conformer à

la méthode que j'ai suivie pour les cinq ordres, méthode de laquelle il résulte, comme règle générale, que le piédestal avec ses ornements est le tiers
de la hauteur de la colonne avec la base et le chapiteau, de même que toute
la hauteur de l'entablement, c'est-à-dire l'architrave, la frise et la corniche,
doit en être le quart. Cela bien entendu, il est facile d'établir lequel on voudra des cinq ordres dans une hauteur donnée quelconque, en divisant cette
hauteur en 19 parties égales ; quatre de ces parties seront pour le piédestal,
3 pour l'entablement, et 12 pour la colonne ; cette dernière hauteur étant
à son tour divisée en 14, 16, 18 ou 20 parties, suivant que l'on aura à s'occuper des ordres Toscan, Dorique, Ionique ou Corinthien, on aura le module que l'on divisera comme il convient de le faire pour pouvoir ensuite
établir l'ordre dans ses plus petits détails.

CHAPITEAU ET ENTABLEMENT TOSCANS.

PLANCHE VI.

Après avoir donné en général les principales mesures de l'ordre Toscan,
j'en ai dessiné les parties en grand sur cette planche et sur la précédente afin
que l'on puisse voir distinctement la division ainsi que la saillie de ses plus
petites parties ; la netteté du dessin et les nombres qui y sont cotés en donneront assez l'intelligence, pour peu qu'on veuille s'y appliquer, sans qu'il
soit besoin pour cela d'une description plus étendue.

ORDRE DORIQUE.

ENTRECOLONNEMENT DORIQUE.

PLANCHE VII.

Pour faire la division de l'ordre Dorique sans piédestal il faut en diviser
toute la hauteur en 20 parties, l'une desquelles sera le *module* que l'on
divisera en 12 parties (100 parties), comme pour l'ordre Toscan ; on donnera un module de hauteur à la base dans laquelle est comprise la ceinture
inférieure du fût de la colonne ; la hauteur du fût sans cette ceinture sera de

14 modules, et celle du chapiteau d'un module. Les quatre modules qui restent, et qui sont le quart de la hauteur de la colonne avec sa base et son chapiteau, comme nous l'avons dit ci-dessus, seront pour l'entablement, c'est-à-dire l'architrave, la frise et la corniche réunies; on donnera 1 module de hauteur à l'architrave, 1 module $\frac{1}{2}$ ($1^{mod.}$,50) à la frise, et autant à la corniche; ces quatre modules réunis aux seize qui forment la hauteur totale de la colonne donnent 20 modules.

PORTIQUE DORIQUE SANS PIÉDESTAL.

PLANCHE VIII.

Pour décorer un portique ou une galerie d'un ordre Dorique sans piédestal, il faudra, comme je l'ai dit ci-dessus, diviser toute la hauteur en 20 parties, dont une sera le module, et distribuer ensuite les largeurs de manière à ce qu'il y ait sept modules d'intervalle entre les pieds-droits, et que chaque pied-droit en ait trois de largeur. Il arrivera de là que les hauteurs avec les largeurs seront dans de bonnes proportions, que la hauteur des vides sera du double de leur largeur, et que les métopes et les triglyphes se trouveront exactement distribués ainsi qu'on peut le voir dans cette planche. Il reste seulement à observer que la saillie de la colonne hors du pied-droit doit être d'un tiers de module ($0^{mod.}$,33) plus forte que son demi-diamètre, afin que la saillie des impostes ne dépasse point l'axe de la colonne. Cette règle devra être généralement observée en pareil cas à l'égard de tous les autres ordres.

PORTIQUE DORIQUE AVEC PIÉDESTAL.

PLANCHE IX.

Ayant à décorer des portiques ou galeries d'un ordre Dorique avec piédestal, il faut diviser toute la hauteur en 25 parties $\frac{1}{3}$ (25,33), et de l'une d'elles en faire le module. La distance d'un pied-droit à l'autre sera de dix modules, et la largeur des pilastres de cinq; de cette manière on trouvera la juste distribution des métopes et des triglyphes, et les arcades seront dans une bonne proportion, leur hauteur étant le double de leur largeur, c'est-à-dire de vingt modules, ainsi que la planche le fait voir.

PIÉDESTAL ET BASE DORIQUES.

PLANCHE X.

Le piédestal Dorique doit avoir 5 modules $\frac{1}{3}$ de hauteur ($5^{mod.},33$).

ENTABLEMENT ET CHAPITEAU DU DORIQUE DENTICULAIRE.

PLANCHES XI ET XIII.

Cette partie est tirée de l'arcade Dorique du théâtre de Marcellus, à Rome, ainsi qu'il a été dit dans ma préface; j'en ai conservé les proportions sur ces dessins.

L'imposte de l'arcade qui est dessinée sur la planche XI aura un module de hauteur, et ses différents membres seront distribués suivant les nombres qui y sont cotés.

ENTABLEMENT ET CHAPITEAU DU DORIQUE MUTULAIRE.

PLANCHES XII ET XIII.

J'ai composé cette autre partie d'ordre Dorique de plusieurs fragments des antiquités de Rome, l'expérience m'a fait reconnaître qu'elle réussit fort bien en exécution.

ORDRE IONIQUE.

ENTRECOLONNEMENT IONIQUE.

PLANCHE XIV.

Quand on veut employer l'ordre Ionique sans piédestal, on divise la hauteur donnée en 22 parties $\frac{1}{2}$ (22,50), et l'une d'elles sert de module que l'on divise en 18 parties (100 parties), parce que cet ordre, plus délicat que le Toscan et le Dorique demande une division de parties plus nombreuses. La

colonne de cet ordre devra avoir 18 modules y compris la base et le chapi-
teau, l'architrave 1 module $\frac{1}{4}$ ($1^{mod.}$,25), la frise 1 module $\frac{1}{2}$ ($1^{mod.}$,50), et
la corniche 1 module $\frac{3}{4}$ ($1^{mod.}$,75); de cette manière l'entablement formé de
ces trois parties ensemble aura 4 modules $\frac{1}{2}$ ($4^{mod.}$,50) qui sont le quart de
la hauteur totale de la colonne.

PORTIQUE IONIQUE SANS PIÉDESTAL.

PLANCHE XV.

Lorsqu'on voudra disposer des portiques, ou galeries d'ordre Ionique sans
piédestal, on donnera 3 modules de largeur à chaque pied-droit de l'arcade;
la largeur du vide de cette arcade sera de 8 modules $\frac{1}{2}$ ($8^{mod.}$,50) et sa hauteur de 17 modules, c'est-à-dire du double de la largeur, règle à laquelle il
faut exactement se conformer dans la disposition de semblables arcades, à
moins qu'une grande nécessité n'oblige parfois de s'en éloigner.

PORTIQUE IONIQUE AVEC PIÉDESTAL.

PLANCHE XVI.

Mais pour faire des galeries ou portiques d'ordre Ionique avec piédestal,
il faut diviser toute la hauteur en 28 parties $\frac{1}{2}$ (28,50). Le piédestal avec
ses ornements en contiendra six, qui sont le tiers de la hauteur de la colonne,
compris la base et le chapiteau, suivant ce que nous avons prescrit d'observer pour tous les ordres; la largeur des vides sera de 11 modules, et leur
hauteur de 22; enfin la largeur des pieds-droits sera de 4 modules ainsi que
le dessin l'indique.

PIÉDESTAL ET BASE IONIQUES.

PLANCHE XVII.

Les nombres qui sont cotés sur cette planche désignent les dimensions
particulières des membres et des moulures qui constituent le piédestal et la
base Ioniques.

ENTABLEMENT ET CHAPITEAU IONIQUES.

L'imposte dessinée sur cette planche doit avoir 1 module de hauteur, et de saillie $\frac{1}{3}$ du module ($0^{\text{mod.}},33$).

Bien que la manière de faire le chapiteau Ionique soit indiquée sur cette planche par le plan et le profil, nous dirons néanmoins, pour en faciliter l'intelligence, qu'il faut tirer deux lignes verticales éloignées l'une de l'autre de deux modules, ou plutôt distantes chacune d'un module de chaque côté de l'axe de la colonne. Ces deux lignes, qui déterminent le centre des yeux des volutes, se nomment *cathètes*. Chaque volute doit avoir 16 parties de hauteur ($0^{\text{mod.}},88$), il y aura 8 de ces parties ($0^{\text{mod.}},44$) au-dessus de l'œil, lequel en comprendra 2 ($0^{\text{mod.}},11$), et les 6 restant ($0^{\text{mod.}},33$) seront au-dessous. La manière de tracer cette volute est dessinée dans la planche suivante et succinctement décrite ci-après.

TRACÉ DE LA VOLUTE IONIQUE.

Ayant tiré la cathète de cette première volute et une autre ligne qui la coupe à angles droits au centre de l'œil, on divise cet œil comme l'indique la figure A. On commence par le point marqué 1, et de ce point comme centre, ayant ouvert le compas jusqu'à la partie supérieure de la cathète, on décrira une portion de cercle qui se terminera à la première ligne horizontale ponctuée ; ensuite transportant la pointe du compas au point marqué 2, et l'ouvrant de manière qu'il reprenne la fin de l'arc précédent, on décrit un second arc de cercle, et ainsi de suite, de tous les autres points de centre pour les trois révolutions de la volute. La grosseur du listel qui est à sa naissance égal au quart de l'espace déterminé par les deux extrémités de la première révolution s'obtiendra facilement dans tout son contour en partageant également en quatre chacune des trois parties des diagonales qui ont donné les centres de la première volute. En effet, prenant de chacune de ces divisions le point le plus voisin des premiers centres, on en décrira douze nouveaux arcs de cercle, qui réunis formeront la deuxième spirale de la volute.

AUTRE MÉTHODE.

Voulant faire la volute par la méthode représentée au bas de cette planche, il faut tirer la ligne appelée cathète sur la longueur de 16 parties du module ($0^{mod.}$,88), 9 de ces parties ($0^{mod.}$,50) seront laissées au-dessus du centre, et les 7 autres ($0^{mod.}$,38) au-dessous; la circonférence de l'œil se divisera ensuite en 8 parties comme le dessin l'indique. Cela fait, l'on construira à part le triangle rectangle B, C, D, dont le côté B, C aura 9 parties du module ($0^{mod.}$,50) et le côté C, D 7 parties ($0^{mod.}$,38). La division de ce triangle est assez clairement indiquée par la disposition de la figure et les nombres qui y sont écrits pour qu'il soit facile de l'opérer. Il n'y aura plus ensuite qu'à rapporter sur les lignes qui divisent la circonférence de la volute les points de la ligne B, C comme l'indiquent les chiffres du dessin. Le centre du contour d'un point à un autre se trouve de la manière suivante : Pour le premier contour, par exemple, en plaçant une des pointes du compas sur le point 1, et en écartant l'autre pointe jusqu'au centre de l'œil de la volute, on trace un petit arc de cercle au centre de cet œil, puis on place la première pointe sur le point 2, et avec la même ouverture de compas on décrit un second arc de cercle qui coupe le premier en un point qui devient le centre de la portion de cercle qui doit réunir les points 1 et 2. Mettant après cela une des pointes du compas au point 2, et portant l'autre au centre de l'œil, on décrit un autre arc de cercle, puis avec la même ouverture de compas, partant du point 3, on coupe cet arc en un point qui sera à son tour le centre de la deuxième portion de la volute à décrire de 2 jusqu'à 3. C'est ainsi qu'il faut procéder à l'égard de tous les autres points.

ORDRE CORINTHIEN.

ENTRECOLONNEMENT CORINTHIEN.

PLANCHE XX.

Pour faire l'ordre Corinthien sans piédestal on divise la hauteur donnée en 25 parties, l'une d'elles forme le module qui se divise en 18 parties (100 parties) comme celui de l'ordre Ionique; les autres divisions principales sont indiquées sur la figure et la distance entre les colonnes doit être de 4 modules $\frac{2}{3}$ ($4^{mod.}$,66), afin que les architraves qui posent sur elles ne souffrent pas d'une trop grande portée, et aussi que la distribution des modillons de la corniche puisse se faire de telle sorte que ces modillons étant également espacés, il y en ait toujours un à l'aplomb de l'axe de chaque colonne.

PORTIQUE CORINTHIEN SANS PIÉDESTAL.

PLANCHE XXI.

Pour faire une galerie avec arcades d'ordre Corinthien sans piédestal, il faut, comme l'indiquent les cotes du dessin, que les vides aient neuf modules de largeur sur dix-huit de hauteur, et que la largeur des pieds-droits soit de trois modules.

PORTIQUE CORINTHIEN AVEC PIÉDESTAL.

PLANCHE XXII.

Mais pour faire un portique du même ordre avec piédestal, on divise toute la hauteur en 32 parties égales, dont l'une est le module; 12 modules formeront la largeur des vides et 25 la hauteur; bien que cette hauteur passe ici le double de la largeur, elle convient néanmoins à cet ordre qui doit se distinguer par une plus grande légèreté. On donne aux pieds-droits 4 modules de largeur ainsi que la planche l'indique.

BASE ET PIÉDESTAL CORINTHIENS.

PLANCHE XXIII.

Si le piédestal de cet ordre avait de hauteur le tiers de celle de la colonne, il serait de 6 modules $\frac{2}{3}$ ($6^{mod.},66$); mais on peut lui donner 7 modules afin de le rendre plus svelte, ce qui convient parfaitement à cet ordre, et aussi pour que la partie lisse du piédestal, comprise entre la cimaise et le soubassement, ait en hauteur deux fois sa largeur, ainsi que les cotes l'indiquent sur la figure. Quant à la base et à la corniche du piédestal leurs proportions sont assez exactement indiquées sur le dessin pour me dispenser d'en parler.

TRACÉ DU CHAPITEAU CORINTHIEN.

PLANCHE XXIV.

Avec le plan et le profil de ce chapiteau on en peut facilement saisir tout l'ensemble; on établit le plan en formant un carré dont la ligne diagonale doit être égale à 4 modules, après quoi l'on construit sur chaque face de ce carré un triangle équilatéral comme il est indiqué, puis du sommet de chacun de ces triangles on trace les creux de l'abaque. Dans le profil, après avoir marqué la hauteur des feuilles, des coulicoles et de l'abaque, la saillie des feuilles et des coulicoles se détermine par la ligne tirée de la pointe de l'abaque à l'astragale de la colonne, ainsi qu'il est figuré sur la planche. Le reste, avec un peu d'attention, peut être facilement compris.

ENTABLEMENT ET CHAPITEAU CORINTHIENS.

PLANCHE XXV.

Cet entablement Corinthien est tiré de divers endroits de Rome, mais principalement de la rotonde et des trois colonnes qui sont dans le marché romain. Ayant comparé ensemble leurs principaux membres, j'en ai tiré une règle qui ne m'éloigne nullement de l'antique, et me donne une telle proportion, qu'il se trouve toujours un modillon à l'aplomb du milieu de la colonne, et que ses oves, denticules, arceaux et fusarolles se trouvent exactement placés sur la même ligne verticale, ainsi que le fait voir le dessin ; les nombres marqués sur ce dernier par modules et parties de module peuvent suppléer à une plus longue explication. Le module est divisé en 18 parties (100 parties) comme nous l'avons dit ci-dessus.

ORDRE COMPOSITE.

PIÉDESTAL ET BASE COMPOSITES.

PLANCHE XXVI.

Le piédestal Composite a toutes les proportions du Corinthien, il en diffère seulement par les moulures de la corniche et de la base, comme on le peut facilement remarquer. C'est parce que l'ordre Composite conserve les mêmes proportions que le Corinthien que nous n'avons pas jugé nécessaire d'en donner l'entrecolonnement ni les portiques, renvoyant à ceux du Corinthien. Je donne seulement les détails de la base, du chapiteau et des autres principales parties où se font remarquer les différences qui existent entre ces deux ordres.

TRACÉ DU CHAPITEAU COMPOSITE.

PLANCHE XXVII.

Pour faire le plan et le profil du chapiteau Composite, il faut procéder de la même manière que pour le Corinthien. La seule différence qu'on pourra remarquer, c'est qu'au lieu des coulicoles qui ornent le chapiteau Corinthien, le chapiteau Composite présente des volutes semblables à celles de l'Ionique. Les anciens Romains, en entremêlant quelques parties du chapiteau Ionique à d'autres prises dans le Corinthien, se proposèrent d'arriver à un composé tel qu'il pût offrir à lui seul, autant que possible, les plus belles parties de ces deux ordres.

ENTABLEMENT ET CHAPITEAU COMPOSITES.

PLANCHE XXVIII.

Cette partie de l'ordre Composite, qui comprend le chapiteau, l'architrave, la frise et la corniche, est tirée de plusieurs fragments qui se trouvent dans les antiquités de Rome; je l'ai réduite aux mêmes proportions que dans l'ordre Corinthien, comme il est facile de le voir par la conformité des mesures cotées sur les figures.

CHAPITEAUX COMPOSITES ANTIQUES ET BASE ATTIQUE.

PLANCHE XXIX.

On rencontre parmi les antiquités de Rome une variété presque infinie de chapiteaux qui n'ont pas de noms particuliers, mais qu'on peut toutefois comprendre sous la dénomination générale de Composites, et avec d'autant plus de raison que leurs principales parties répondent aux proportions de celles de l'Ionique et du Corinthien. Il est vrai cependant que dans quelques-uns de ces chapiteaux il y a des animaux au lieu de tigettes et de volutes, et dans d'autres des cornes d'abondance ou autres ornements en rapport avec l'objet auquel ils étaient destinés; ainsi l'on peut juger par celui qui présente quatre aigles à la place des coulicoles, et au lieu de fleuron une tête de Jupiter avec des foudres au-dessous, qu'il provient de quelque temple consacré à Jupiter. On peut dire de même que cet autre chapiteau, qui a quatre griffons au lieu de coulicoles, et quatre aigles au milieu tenant chacun un chien dans leurs serres, était approprié au temple de quelque autre divinité. La proportion de ce dernier est la même que celle du Corinthien dont il ne diffère que par les animaux.

BASE ATTIQUE.

Cette base que Vitruve appelle Attique au chapitre iii de son troisième livre, parce que les Athéniens l'ont inventée et mise en œuvre les premiers, s'emploie de notre temps indifféremment pour le Corinthien, le Composite, l'Ionique et le Dorique; bien qu'elle convienne infiniment mieux au Composite qu'à tout autre, on peut néanmoins la tolérer pour l'Ionique quand on ne veut pas se servir de la base qui lui est propre; mais je trouve qu'elle ne convient en aucune manière aux autres ordres, et il ne me serait pas difficile, à cet égard, d'appuyer mon sentiment sur de bonnes raisons, mais je ne veux pas me mettre à contredire une licence si généralement reçue; il me suffit donc de montrer, avec l'ordre que j'ai jusqu'alors suivi, quelles sont les proportions de ses membres, lesquels s'obtiennent par la division du module en 18 parties (100 parties) comme pour les ordres Ionique et Corinthien.

TRACÉ DU GALBE DES FUTS DE COLONNES.

PLANCHE XXX.

La diminution des colonnes se fait de plusieurs manières; je vais décrire les deux qui passent pour les meilleures. La première et la plus employée est celle-ci : après avoir déterminé la hauteur et la grosseur de la colonne ainsi que la quantité dont on veut qu'elle diminue depuis le tiers inférieur jusqu'au haut, on décrit un demi-cercle sur le diamètre de la colonne à l'endroit où elle commence à diminuer, et on divise en tel nombre de parties qu'on veut la portion de ce demi-cercle comprise entre l'extrémité du diamètre et la perpendiculaire 6,6, abaissée de la partie supérieure du fût sur ce diamètre; ensuite on divise les deux tiers supérieurs du fût de la colonne en autant de parties égales que l'on a divisé cette portion du demi-cercle, et les intersections des lignes perpendiculaires avec les transversales déterminent autant de points par lesquels la courbure que l'on cherche doit passer, ainsi que le fait voir la figure. Ce galbe de colonne peut être approprié aux colonnes Toscanes et Doriques.

J'ai trouvé moi-même l'autre manière, et bien qu'elle soit moins connue que la précédente, il est pourtant facile de la comprendre par le tracé que j'en donne. Je dirai seulement qu'ayant déterminé toutes les parties, comme je l'ai dit ci-dessus, on doit tirer une ligne indéfinie au tiers inférieur du fût, laquelle commencera au point C et passera par le point D, puis reportant la mesure C, D, du point A au point B où elle vient rencontrer l'axe

de la colonne, si l'on prolonge cette ligne A, B, jusqu'à sa rencontre avec
la ligne horizontale, on obtient le point E duquel on peut tirer autant de
lignes que l'on veut qui couperont l'axe de la colonne en autant de points
différents; puis au delà de l'axe, vers la circonférence, sur toutes ces lignes
prolongées, portez la distance C, D, tant au-dessous qu'au-dessus du tiers de
la colonne, et vous aurez autant de points, qui, réunis par une courbe,
détermineront le galbe cherché. Cette méthode peut convenir à la diminution des colonnes Ionique, Corinthienne et Composite.

Pour décrire le galbe des colonnes Torses, comme celles qui sont dans
l'église de Saint-Pierre, à Rome, il faut faire le plan comme le présente la
figure; le petit cercle du milieu désigne de combien on veut que la colonne
soit torse; divisez ce petit cercle en huit parties égales, et de chaque point
de division élevez des lignes parallèles à l'axe de la colonne; partageant ensuite la hauteur de la colonne en quarante-huit parties égales, vous forme-
rez la spirale du milieu qui devra servir de centre à la colonne; à ce centre
vous rapporterez la grosseur correspondante de la colonne droite, ligne pour
ligne, comme on le voit dans le dessin. Je dois seulement faire remarquer
que les quatre nombres 1, 2, 3, 4, marqués sur le petit cercle, ne servent
à décrire que la première moitié de la circonvolution en montant, parce
que c'est du centre qu'il faut commencer la première montée; il faut suivre
dans tout le reste la circonférence du petit cercle, hormis toutefois à la dernière moitié de circonvolution d'en haut, pour laquelle on devra de nouveau
se servir des quatre autres points, comme on l'a fait pour la partie inférieure
du fût.

APPENDICE.

TRACÉ DES MOULURES.

PLANCHES XXXI ET XXXII.

Quelques traducteurs de Vignole ont ajouté à son œuvre la manière d'obtenir géométriquement les moulures qui entrent dans la composition des ordres d'architecture; nous faisons ici de même, en recommandant toutefois à l'élève de n'avoir que rarement recours à ces moyens graphiques, et de s'exercer au contraire à tracer toutes ces moulures à la main; il y parviendra facilement, puis, avec un peu d'exercice, s'il est doué de goût et de sentiment, il lui arrivera de rencontrer des contours plus gracieux souvent, et plus en harmonie avec les parties auxquelles ils doivent se lier, que ceux qu'il aurait obtenus par l'application exacte des procédés géométriques. Si cependant il veut, dans certains cas, avoir recours au compas afin de donner à ses dessins plus de netteté et de précision, il doit toujours, avant de faire usage de cet instrument, tracer ses moulures de sentiment au crayon, et chercher ensuite par le tâtonnement les points de centre des courbes qui doivent venir le plus exactement reproduire les contours obtenus par ce premier tracé.

Un talon ou une doucine ne sont pas toujours le résultat de deux courbes ayant pour centres les sommets de deux triangles équilatéraux construits sur la ligne qui joint leurs extrémités; ces moulures peuvent même aussi n'être pas toujours composées de deux portions du même cercle, ainsi que paraissent l'imposer pour ainsi dire les méthodes indiquées jusqu'alors; les divers tracés que nous donnons pour chacune de ces moulures font voir qu'il n'est pas nécessaire de toujours suivre à leur égard une marche régulière et absolue et qu'on peut, suivant les différents cas, en brusquer le contour ou l'adoucir, par l'agrandissement ou le raccourcissement des rayons des courbes appelées à les former; c'est, comme nous l'avons déjà dit, le goût et le sentiment qui doivent seuls guider le dessinateur en pareille matière.

Il est nécessaire cependant, dans certaines circonstances, de recourir à l'application des procédés géométriques ; ainsi, pour les volutes tracées en grand, par exemple, et lorsque surtout il s'agit de leur exécution, on ne peut que très-difficilement les éviter. Vignole a donné deux méthodes pour obtenir le contour de ces volutes ; il en existe encore d'autres que je ne crois pas utile d'indiquer ici, attendu qu'elles ne me paraissent avoir aucun avantage sur celles de notre auteur. De ces deux méthodes, la seconde toute géométrique doit être d'une application plus générale, seulement Vignole ne l'a donnée qu'imparfaitement ; ainsi il a bien indiqué la manière de tracer la première spirale, mais il ne donne pas le moyen d'obtenir la seconde, et les auteurs, qui jusqu'alors l'ont traduit, n'ont rien dit non plus à cet égard, sinon que cette dernière devait se tracer de sentiment en ayant soin de diminuer proportionnellement le listel formé par ces deux spirales sans le faire ni trop maigre ni trop lourd. Ceci peut être d'une exécution assez difficile quand il s'agit surtout d'opérer en grand ; nous pensons donc qu'il est utile d'indiquer la manière d'obtenir géométriquement ce second contour de la volute ; voici comment nous y parvenons : le premier contour étant tracé, comme l'indique Vignole (voyez page 24 et planche XXIX de cette traduction), on détermine le point de départ du second ; supposons-le en E, planche XXXII, on projette ensuite ce point horizontalement sur l'hypoténuse du triangle jusqu'en F, d'où l'on abaisse une perpendiculaire F G, qui vient couper tous les rayons partant du point D et en faire autant de lignes proportionnelles aux distances qui ont servi à déterminer la première spirale ; opérant ensuite avec ces nouvelles distances de même qu'on l'a fait la première fois, il est clair qu'on obtiendra sur les rayons de la volute des points proportionnellement distants des premiers, et si par ces points on fait passer une deuxième spirale, elle formera nécessairement avec la première un listel dont l'épaisseur diminuera toujours dans une proportion mathématiquement exacte. Cette méthode nous paraît avoir sur toutes les autres cet avantage, c'est que, sans qu'il en résulte de confusion dans les lignes d'opération, on peut l'employer à composer la volute, non-seulement de deux, mais de trois, quatre, ou cinq spirales, suivant qu'on veut apporter plus ou moins de richesse dans cette partie du chapiteau ionique.

TRACÉ DES ORDRES D'ARCHITECTURE.

PLANCHES XXXIII ET XXXIV.

Aux immenses avantages qui résultent, pour l'étude des ordres d'architecture, du nouveau mode de division que nous avons adopté pour le module qui sert de base à leurs proportions, nous avons ajouté déjà celui non moins précieux que ce mode devait offrir dans la pratique du tracé ou dessin des ordres en question.

Voici ce que nous avons dit à ce sujet dans notre préface : « Les divisions du module devenant proportionnellement égales à celles du mètre, ces dernières peuvent servir à mettre un ordre en proportion, dans tous les cas possibles, sans qu'il soit besoin de faire une division particulière du module de cet ordre. »

Cet avantage est infiniment plus grand qu'il ne semble au premier abord ; et ceux de nos lecteurs qui voudront se livrer un instant à la pratique de la méthode basée sur ce principe, et dont nous donnons ci-après un exemple, en seront bientôt convaincus ; ils verront que pendant le temps qu'ils auraient passé à déterminer la longueur du module suivant la hauteur de l'espace où ils ont à dessiner un ordre quelconque, à diviser ensuite ce module avec le compas et par le tâtonnement, ainsi que cela se fait le plus ordinairement, déjà ils auraient dessiné cet ordre dans toutes ses principales parties, et cela avec une précision toute mathématique, une netteté et une propreté extrêmes.

Ces dernières qualités, sans lesquelles il n'y a pas de bons dessins, proviendront aussi en grande partie de ce qu'on n'aura point fait usage du compas ; car, indépendamment des lenteurs et inexactitudes qui résultent souvent de l'emploi de cet instrument, il a l'inconvénient de fatiguer le papier de manière à le rendre peu propre ensuite à recevoir un trait ou un lavis nets et bien faits.

Voici comment nous faisons l'application de la méthode dont nous venons de parler :

Supposons que, dans la hauteur DB, déterminée par les deux lignes horizontales AB, CD, planche XXXIII, il s'agisse de dessiner l'ordre Toscan en

3

son entier, nous nous reportons tout d'abord au tableau sur lequel les proportions de l'ensemble et des parties de cet ordre sont exactement cotées ; ayant
remarqué en premier lieu que la hauteur totale dudit ordre est de 22
modules 17 centièmes, nous prenons alors une règle de 30 centimètres de
longueur, par exemple, divisée en centimètres, millimètres et demi-mil-
limètres, nous plaçons le 0 de la division métrique en un point quelconque
E de la ligne CD, puis nous inclinons ladite règle jusqu'à ce que la division
22 centimètres 17 dix-millièmes vienne toucher exactement la ligne supérieure horizontale au point F ; nous menons ensuite la ligne EF.

Sur cette dernière ligne nous marquons, avec un crayon taillé très-fin,
toutes les divisions et subdivisions de l'ordre ; nous commençons d'abord
par les trois principales divisions qui sont le piédestal, la colonne et l'entablement ; ainsi, à partir du point E, nous comptons 4 centimètres 67 dix-
millièmes, et nous marquons le point G, lequel exprimera la hauteur du
piédestal, égal à 4 modules 67 centièmes. De ce dernier point, après y avoir
rapporté le 0 de la division métrique, nous comptons 14 centimètres, lesquels représenteront au point H la hauteur totale de la colonne que nous
voyons sur le tableau être égale à 14 modules. Enfin, de ce dernier point
H au point F, nous voyons qu'il nous reste 3 centimètres 50 dix-millièmes ;
cette quantité sera l'expression de la hauteur totale de l'entablement, égal
à 3 modules 50 centièmes.

Nous procédons ensuite de la même manière pour toutes les autres divisions
et subdivisions de l'ordre, ce qui nous donne sur la ligne EF plusieurs autres
points dont la quantité est naturellement déterminée par le nombre des
cotes inscrites sur le tableau qui nous sert de guide.

Maintenant, si par tous les points de la ligne EF nous menons des lignes
horizontales parallèles aux deux lignes AB et CD, nous nous trouvons avoir
divisé l'intervalle compris entre ces deux dernières, en parties évidemment
proportionnelles à toutes les distances marquées sur la ligne EF, et de
cette manière, nous avons créé exactement toutes les proportions en hauteur des différents membres ou moulures de l'ordre qu'il s'agissait d'établir
dans la hauteur donnée BD.

Cette première opération faite, il ne nous reste plus, pour achever com-
plétement notre tracé, qu'à déterminer les saillies des membres et moulures
dont nous venons de parler. Voici comment ces saillies s'obtiennent :

D'un point quelconque, pris sur la ligne EF, nous élevons à cette ligne une perpendiculaire I K, coupant l'axe de la colonne au point L, puis à droite et à gauche de ce dernier point, après avoir appliqué la règle divisée suivant I K, nous marquons au crayon les saillies indiquées sur le tableau, et nous les élevons ou abaissons ensuite verticalement jusqu'aux lignes horizontales, où elles doivent respectivement venir s'appliquer.

C'est ainsi que, pour déterminer la saillie du quart de rond de l'entablement que nous voyons sur le tableau être égale à 2 modules 29 centièmes, nous marquons le point M distant de L de 2 centimètres 29 dix millièmes, et que nous l'élevons ensuite verticalement sur la ligne A B, où ladite saillie doit enfin venir se fixer de position.

Dans l'exemple que nous venons de citer, l'unité génératrice du module a été représentée par un centimètre; mais on doit sentir facilement qu'elle peut l'être tout aussi bien par deux, quatre, cinq ou dix centimètres, suivant que l'espace en hauteur, dans lequel il s'agira de dessiner un ordre entier, ou seulement une partie de cet ordre, sera plus ou moins étendu. On pourra même, dans le cas de l'exécution en grand d'un ordre ou de la partie d'un ordre, représenter cette unité par le mètre lui-même. Ainsi, supposons qu'il s'agisse de faire de cette manière, dans la hauteur de 70 centimètres, par exemple, le tracé du chapiteau Dorique; on sait que la hauteur de ce chapiteau est égale à un module; ayant alors un mètre bien divisé, on inclinera cette mesure jusqu'à ce que ces deux points extrêmes touchent exactement les deux lignes horizontales qui déterminent la hauteur donnée; puis ayant mené une ligne suivant cette inclinaison, on établira sur elle, soit de mémoire, soit à l'aide du tableau de l'ordre Dorique, les hauteurs proportionnelles de chaque membre ou moulure qui constituent le chapiteau dont il s'agit, et au moyen des lignes horizontales tirées ensuite à chaque point de division, on établira le nouveau tracé que l'on désire, tout aussi exactement et avec plus de facilité encore que nous venons d'obtenir ci-dessus celui de l'ordre Toscan tout entier.

Nous venons d'appeler *unité génératrice du module*, la fraction du mètre à laquelle, suivant le besoin, on devait avoir recours pour établir, d'après notre méthode, une partie ou la totalité d'un ordre d'architecture quelconque; par analogie, nous appellerons la ligne EF, *ligne génératrice des hauteurs*, et la ligne I K, *ligne génératrice des saillies*. Ces deux lignes, ainsi qu'on l'a vu ci-dessus, et comme le représente la figure, devront toujours être perpendiculaires l'une à l'autre.

Nous donnons, planche xxxiv, des méthodes fondées également sur les propriétés des triangles semblables pour la division des triglyphes et des denticules ; ces méthodes dispensent également de l'emploi du compas ; en cela, elles abrégent notamment le travail, puisqu'alors on évite les tâtonnements auxquels cet instrument donne toujours lieu.

Pour opérer la division du triglyphe A, la masse ayant d'avance été déterminée par les deux lignes C D, E F, nous plaçons le 0 de la division métrique au point G, et nous inclinons ladite règle jusqu'à ce qu'un nombre de divisions multiple de douze, 24 millimètres, par exemple, vienne en H toucher exactement le côté E F du triglyphe ; nous menons la ligne G H, puis nous marquons sur cette ligne le nombre de divisions voulu, et par les points de ces divisions nous élevons enfin les lignes verticales qui doivent former les glyphes ou rainures qui constituent le genre d'ornement dont il s'agit.

Cette sorte de division peut encore s'effectuer de la manière figurée sur le triglyphe B : à partir du point I dans la direction de K, nous appliquons la règle métrique, et nous marquons douze divisions égales ; par les points de ces divisions nous menons autant de lignes horizontales, en négligeant toutefois celles qui doivent répondre à l'entre-deux des glyphes ; nous tirons ensuite la ligne K L, et, par tous les points de rencontre de cette ligne avec les lignes horizontales, nous élevons verticalement celles qui doivent former les divisions du triglyphe.

C'est par cette même méthode que nous parvenons à tracer avec beaucoup de célérité et de précision les denticules dont sont presque toujours ornés les entablements des ordres Dorique, Ionique, Corinthien et Composite. Dans l'exemple que nous présentons, nous avons tout d'abord remarqué que de la ligne qui forme l'axe de la colonne à celle qui passe par le milieu de la métope, c'est-à-dire de M en N, il existe quinze divisions égales, en comptant bien entendu chaque denticule pour deux de ces divisions. Ce fait étant bien constaté, nous portons en marge du dessin de O en P quinze divisions égales quelconques, puis, par tous les points de ces divisions, nous menons autant de lignes horizontales, en négligeant cependant celles qui représentent le milieu de chaque denticule ; nous traçons ensuite les lignes P Q, R S, puis O T et U V parallèles à P Q et R S, et nous abaissons des points formés par l'intersection de toutes ces lignes avec les lignes horizontales, autant de lignes verticales au moyen desquelles nous obtenons, comme on le voit sur le dessin, la division bien exacte des denticules qu'il s'agissait de tracer.

Nous avons dit dans notre préface que si ne voulant pas toujours employer les moyens du genre de ceux que nous venons de décrire pour le tracé des ordres d'architecture, on désirait au contraire pour cette opération avoir recours à la division du module, nous donnions le conseil de faire cette division, non sous la forme de *l'échelle des parties égales*, mais sous celle de *l'échelle des dixmes*. La première de ces échelles est celle dont on voit la figure au bas de toutes les planches de cet ouvrage, l'autre est celle que nous avons figurée sur la planche XXXIV.

Cette échelle est généralement employée, par les géomètres, de préférence à celle des parties égales, depuis que le système métrique est en vigueur; elle est donc déjà bien connue; aussi par cette raison nous nous serions dispensé d'en donner ici la description, si son application ne devenait pas un fait tout nouveau pour le genre de tracé dont nous nous occupons. Elle a pour base le même principe que celui qui préside aux méthodes graphiques dont nous venons de donner ci-dessus divers exemples, c'est-à-dire qu'elle est fondée également sur les propriétés des triangles semblables; enfin elle a la propriété particulière de donner à la fois très-exactement les parties décimales et centésimales de l'unité; c'est en cela positivement qu'elle devient précieuse pour le cas dont il s'agit. Voici comment on l'établit :

On trace la ligne indéfinie A B, on porte sur cette ligne, en partant du point A, autant de divisions égales au module qu'on peut ou qu'on désire en placer; on subdivise ensuite A C, c'est-à-dire un des modules en 10 parties égales, lesquelles représenteront chacune 10 parties du module, et que pour cette raison on cotera de cette manière en commençant par C, 0, 10, 20, 30 40, 50, 60, 70, 80, 90, 100. Jusqu'alors nous n'avons encore fait que construire l'échelle des parties égales ; pour obtenir maintenant sur cette échelle des quantités égales au centième du module, nous portons, sur la verticale élevée de A en D, dix autres divisions égales quelconques, par lesquelles nous menons autant de lignes horizontales parallèles à A B; nous élevons ensuite verticalement toutes les lignes C E, F G, III, K L, B M, puis nous divisons D E, comme l'a été A C, en 10 parties égales ; nous joignons ensuite le 0 de la division C A avec la cote 10 de la division E D, la cote 10 de la division

C A avec la cote 20 de la division E D, ainsi de suite pour toutes les autres divisions jusqu'à la limite fixée par la perpendiculaire A D; nous cotons enfin C N de cette manière 0, 1, 2, 3, 4, 5, 6, 7, 8, 9, 10. Ce sont ces chiffres qui deviendront alors l'expression des centièmes du module; ainsi de la division marquée 1 jusqu'à la verticale C E, nous aurons un centième du module; de la division 2 à cette même ligne, nous aurons deux centièmes du module, ainsi de suite jusqu'à la division 10, dont la distance, jusqu'au point E de la même verticale, sera de dix centièmes de ce même module.

Maintenant supposons qu'il s'agisse de prendre avec le compas une longueur qui soit égale à 1 module 9 centièmes : nous mettons une des pointes du compas au point O et l'autre au point 9 de la ligne C N, nous avons alors la longueur voulue. Supposons encore qu'il s'agisse d'obtenir sur l'échelle 2 modules 25 centièmes, nous posons la première pointe du compas au point P et l'autre au point Q, lequel répond tout à la fois à la division 20 des cotes décimales, et à la division 5 des cotes centésimales.

Avec un peu d'attention et d'habitude, il est encore possible, avec une échelle construite de la sorte, de saisir très-approximativement, en cas de besoin, les millièmes parties du module, en subdivisant à l'œil les espaces compris entre les divisions de la ligne C N; ainsi supposons qu'il s'agisse d'obtenir avec le compas une longueur égale à 1 module 225 millièmes, nous plaçons une des pointes du compas au point R et l'autre au point S, et nous possédons alors la quantité voulue.

Nous ne nous étendrons pas davantage sur tout le parti qu'on peut tirer de la division centésimale du module pour l'étude ainsi que pour le tracé des ordres d'architecture; ce que nous avons dit dans notre préface à ce sujet joint aux exemples d'application que nous venons de donner ci-dessus nous paraît suffisant pour faire ressortir l'immense supériorité que ce nouveau mode de division peut avoir sur tous ceux employés jusqu'à ce jour. Nous terminons donc ici notre travail, et nous restons avec l'intime conviction que ceux de nos lecteurs qui voudront bien un instant se livrer à la pratique de notre méthode seront bientôt comme nous-même pénétrés de toute l'importance des avantages qui doivent en résulter sous le double rapport de la pratique du dessin et de la science des proportions.

FIN.

ERRATA.

Tableau de l'ordre Ionique, colonnes des saillies, *lisez* à la 23ᵉ ligne, *au lieu de* $^{mod.}$ 1ᵖ. ½, *lisez* : 1$^{mod.}$ » », et *au lieu de* 0$^{mod.}$ 972, *lisez* : 1$^{mod.}$ 000.

Tableau de l'ordre Corinthien, colonnes des saillies, à la 16ᵉ ligne, *au lieu de* 1$^{mod.}$ » », *lisez* : 1$^{mod.}$ 1ᵖ. ½, et *au lieu de* 1$^{mod.}$ 000, *lisez* : 1$^{mod.}$ 083.

Même tableau. A la colonne des saillies, cotes centésimales, à la 19ᵉ ligne, *au lieu de* 0$^{mod.}$ 944, *lisez* : 0$^{mod.}$ 889.

Page 32 du texte, 17ᵉ ligne, *au lieu de* planche xxix de cette traduction, *lisez* : planche xix.

Planche xii, *au lieu de* 1,29 coté sur la corniche de l'entablement, *lisez* : 1,50.

LIBRAIRIE DE LADRANGE,

QUAI DES AUGUSTINS, N° 19.

VIGNOLE CENTÉSIMAL,

OU

LES RÈGLES DES CINQ ORDRES D'ARCHITECTURE

DE J. BAROZZIO DE VIGNOLE,

ÉTABLIES

SUR UNE DIVISION DU MODULE EN HARMONIE AVEC LE SYSTÈME ACTUEL DE MESURES ;

SUIVI

DU TRACÉ DES MOULURES,

ET DE LA MANIÈRE DE METTRE TRÈS-PROMPTEMENT UN ORDRE EN PROPORTION,
DANS UN ESPACE DONNÉ QUELCONQUE,
SANS LE SECOURS DU MODULE, A L'AIDE DES DIVISIONS MÊMES DU MÈTRE ;

Par F.-A. RENARD, Architecte.

―◦─❧❦❧─◦―

Prospectus.

(EXTRAIT DE LA PRÉFACE PLACÉE EN TÊTE DE CETTE NOUVELLE TRADUCTION DE VIGNOLE.)

« Les avantages aujourd'hui bien démontrés et incontestables que le système décimal apporte avec lui partout où il est introduit, nous ont fait songer à l'appliquer à cette partie de l'architecture dont nous nous occupons en ce moment, persuadé qu'il devait également contribuer beaucoup à en faciliter l'étude.

« A cet effet, nous avons divisé le module, pour les cinq différents ordres

1842

Ouvrage du même Auteur admis cette année par le Jury à l'Exposition du Musée royal, sous le n° 2040.

LES

TROIS ORDRES D'ARCHITECTURE DES GRECS,

AVEC LES MODIFICATIONS INTRODUITES PAR LES ROMAINS ET LES ARCHITECTES MODERNES,

GRADUÉS ET SUBDIVISÉS POUR TOUS LES CAS,

A L'AIDE D'UN MODULE CENTÉSIMAL,

ET SUIVANT UNE MÉTHODE SIMPLE ET TRÈS-FACILE.

———

Cet ouvrage où l'auteur a essayé, suivant l'indication de quelques écrivains, d'établir sur des règles générales fixes, pour chacune des trois principales manières de bâtir, une gradation naturelle du plus ferme au plus léger, du plus simple au plus riche, et ce à l'aide des meilleurs exemples de l'antiquité et de ce que les plus célèbres architectes modernes ont créé, est destiné à faire suite au Vignole centésimal.

Le but de l'auteur, en donnant ce complément, est d'offrir à l'élève, quand il en sera temps pour lui, les moyens de sortir d'une imitation servile et de pouvoir varier ses compositions sans jamais courir le risque de s'égarer dans de lourdes ou grêles proportions.

La publication de cet ouvrage, auquel l'auteur donne en ce moment tout le développement qu'il réclame, suivra presque immédiatement celle du Vignole.

———

DE L'IMPRIMERIE DE CRAPELET,
RUE DE VAUGIRARD, N° 9.

CE travail, où j'ai essayé, suivant l'indication de quelques auteurs, d'établir sur des règles générales fixes, pour chacune des trois principales manières de bâtir, une gradation naturelle du ferme au plus léger, du plus simple au plus riche, et ce à l'aide des meilleurs exemples de l'antiquité et de ce que les plus célèbres architectes modernes ont créé, est destiné à faire suite au Traité des cinq ordres d'architecture de Vignole que je publie en ce moment.

Mon but, en donnant ce complément, est d'offrir à l'élève, quand il en sera temps pour lui, les moyens de sortir d'une imitation servile et de pouvoir varier ses compositions sans jamais courir le risque de s'égarer dans de lourdes ou grêles proportions.

Le mode de division du module que j'ai mis en harmonie avec le système actuel de mesures, et que j'ai tout d'abord cru devoir appliquer à l'œuvre si généralement et si justement appréciée de Vignole, me semble être appelé surtout à faciliter puissamment l'étude de l'architecture.

D'abord il simplifie les opérations auxquelles on a à se livrer pour mettre un ordre en proportion, puisqu'il substitue le calcul facile des décimales à celui si compliqué résultant de l'emploi des fractions, telles que les $\frac{1}{2}$, $\frac{1}{3}$, $\frac{1}{4}$ et $\frac{1}{5}$ qui sont les subdivisions ordinaires des 12, 18 ou 30 parties dont jusqu'alors le module s'est composé; ensuite, en présentant *instantanément* à l'esprit, par *leur nom même*, la valeur des mesures de chaque membre ou moulure qui constituent les ordres, il offre l'avantage bien plus grand de fixer sans peine ces mesures dans la mémoire, et doit amener l'élève à pouvoir, en fort peu de temps, mettre de souvenir un ordre en proportion, ce à quoi il lui était auparavant fort difficile de parvenir. Que pouvait, par exemple, présenter à son esprit une cote écrite de cette manière, 13 parties $\frac{1}{3}$? Quel rapport existe-t-il entre cette valeur et le module de 18 parties de Vignole dont elle est une fraction? A quels calculs ne faut-il pas se livrer avant de parvenir à savoir qu'elle est les $\frac{20}{27}$ de ce module et, au bout du compte, qu'est-ce encore que cette découverte? Or, le module *centésimal*, en exprimant cette valeur par $0,^{\mathrm{mod.}}74$ (74 centièmes), la rend palpable, intelligible, et permet de saisir au premier coup d'œil le rapport qui existe entre elle et l'unité dont elle émane.

F. A. RENARD, *architecte.*

Paris, le 15 février 1842.

DE L'IMPRIMERIE DE CRAPELET, RUE DE VAUGIRARD, Nº 9.

TOSCAN   DORIQUE   IONIQUE   CORINTHIEN   COMPOSITE.

F A Renard *Architecte*

Grave sur acier par Guiguet

Pl. 2.

F. A. Renard Architecte.

Gravé sur Acier par Guiguet.

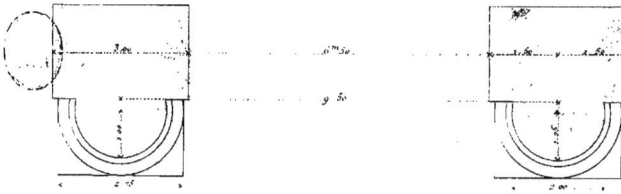

F.ª A. Renard Architecte.

Gravé sur Acier par Guiguet.

PORTIQUE TOSCAN AVEC PIÉDESTAL.

Pl. 4.

F. A. Renard Architecte

Gravé sur Acier par Guiguet

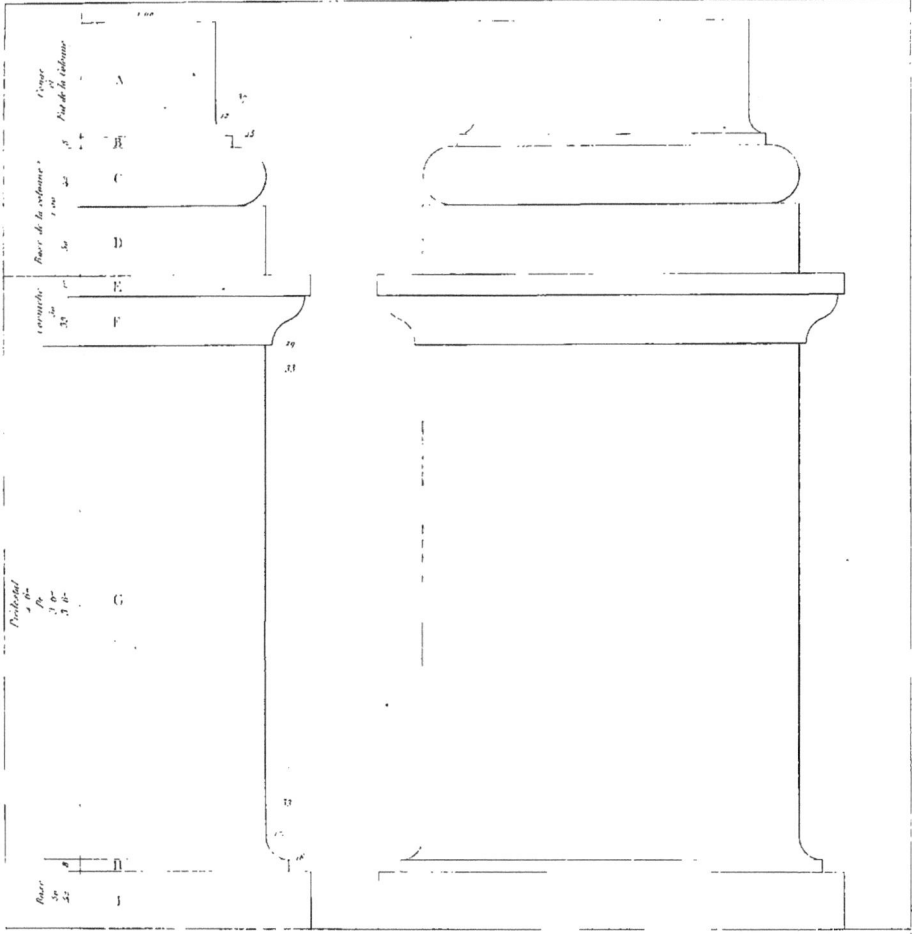

Plan de la base de la Colonne

Membres
de la base et du Piédestal

A   Fut ou vif de la Colonne
B   Listel ou Ceinture
C   Tore
D   Plinthe
E   Réglet ou Listel
F   Talon
G   Dé
H   Réglet ou Listel
I   Socle

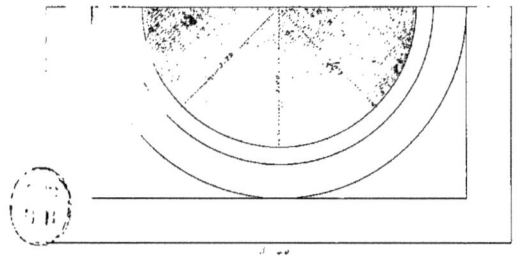

F. A. Renaud ƒ. Architecte

Gravé sur acier par Guibuet

Pl. 6

A

B

D

E

F

G

H

I

K
L
M
N
O
P
Q
R

Corniche

Entablement

Frise

Architrave

Chapiteau

Astragale

Fut de la Colonne

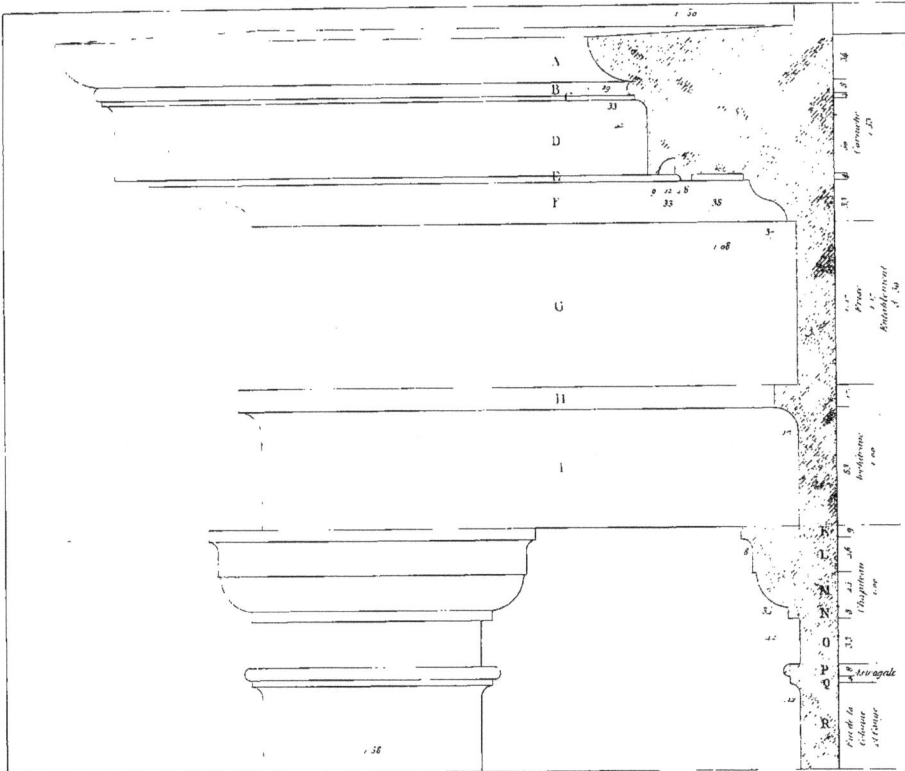

Plan du Chapiteau de la Colonne.

Imposte
pour l'arcade toscane
sans piédestal

Imposte et Archivolte
pour l'arcade toscane
avec piédestal

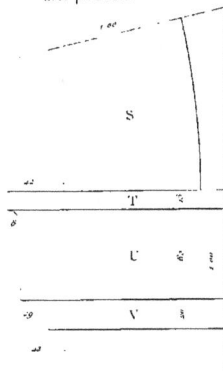

S

T

U

V

L

Membres de l'entablement du Chapiteau et des Impostes

A	Ove ou quart de rond	H	Reglet ou Listel	P	Astragale
B	Baguette	I	Architrave	Q	Filet ou Ceinture
C	Reglet ou Filet	K	Listel ou Reglet	R	Fut ou Vif
D	Larmier	L	Abaque ou Tailloir	S	Archivolte
E	Filet ou Reglet	M	Ove ou Echine	T	Filet
F	Talon	N	Filet ou Anneau	U	Face de l'Imposte
G	Frise	O	Gorgerin	X	Reglet

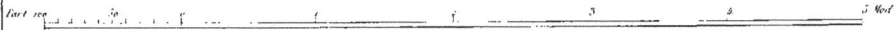

Part 100

5 Mod.

F. A. Renard Architecte.
Gravé sur Acier par Guignet.

Pl. 8.

Parties 100   50   0   1   2   3   4   5   6   7   8   9   10 Modules

Portée une 5e e   1   2   3   4   5   6   7   8   9   10 Modules.

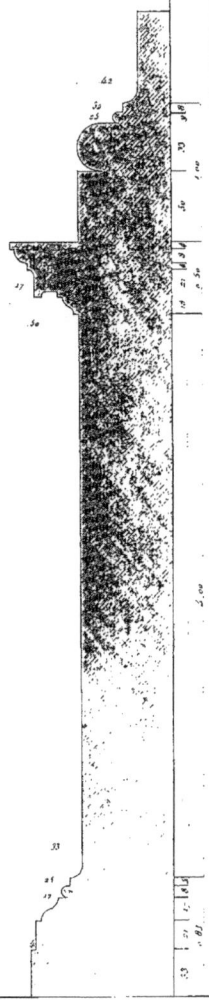

A . *Cannelures de*
la Colonne

B . *Filet, Orle ou*
Ceinture .

C . *Baguette*

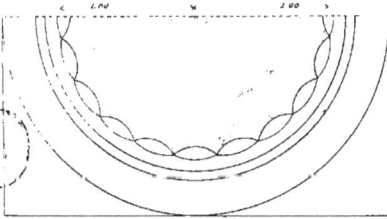

Tracé des Cannelures à vives arêtes

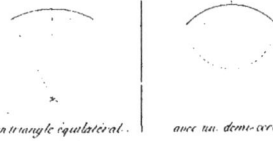

avec un triangle équilatéral .   *avec un demi-cercle .*

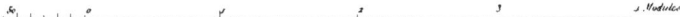

Partoise 100   *50*   *0*   *1*   *2*   *3*   *4 Modules*

F. A. Renard *Architecte*   *Grave sur acier par* Guignet

A

B

C

D

E

Métope

Archivolte et Imposte.

A. Cavet.
B. Denticules.
C. Chapiteau du Triglyphe.
D. Triglyphe.
E. Goutte.
F. Cimaise du Chapiteau.
G. Annelets ou Filets.

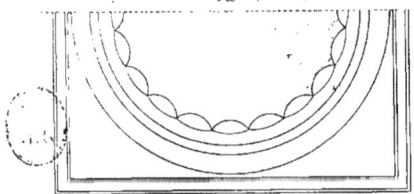

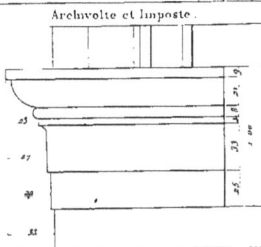

Parties 100

Modules

F. A. Renard Architecte.

Gravé sur acier par Guiguet

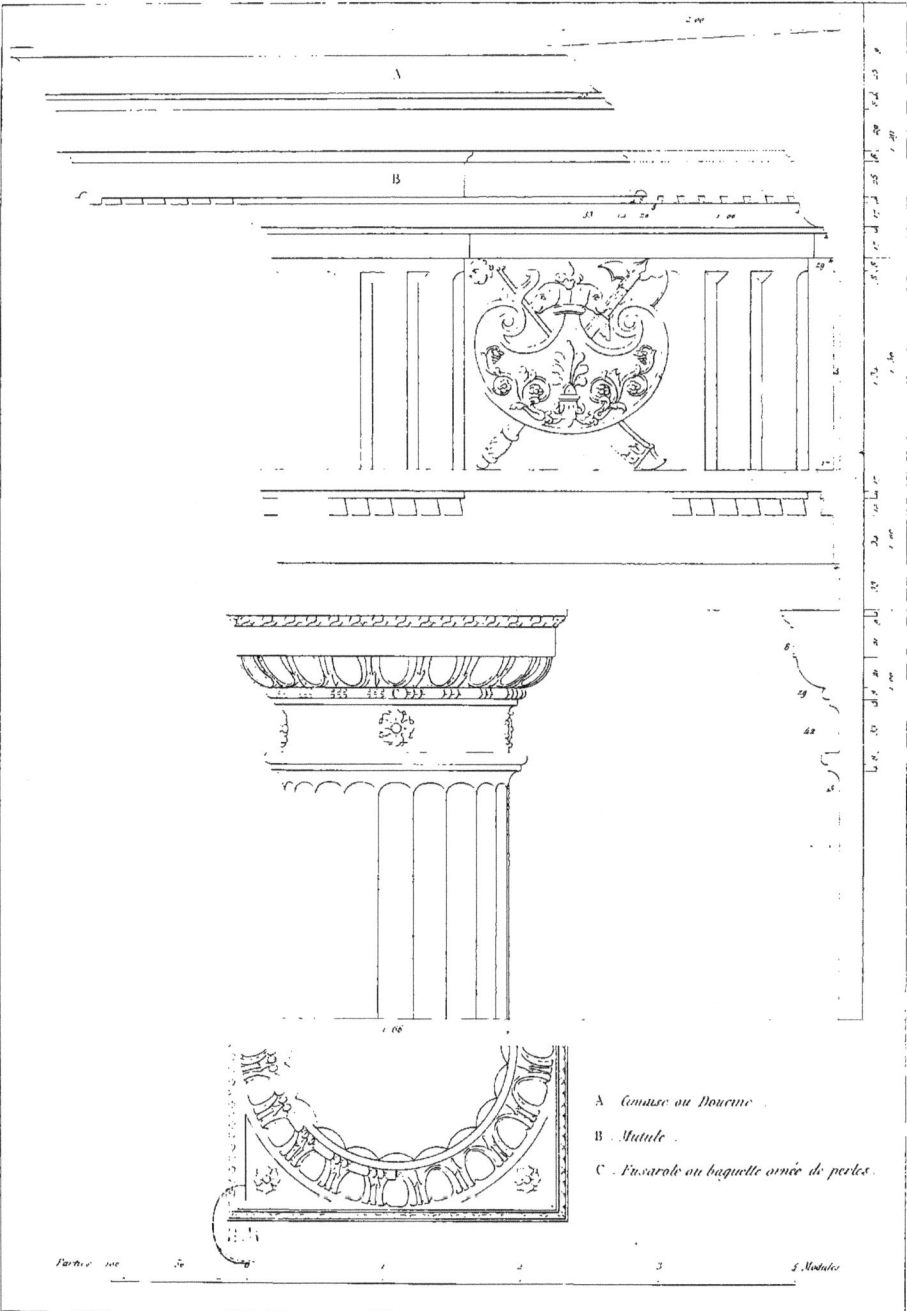

A

B

A . *Cimaise ou Doucine* .

B . *Mutule* .

C . *Fusarole ou baguette ornée de perles* .

Dorique Denticulaire

Dorique Mutulaire

F. V. Renard Architecte

Gravé sur acier par Guignet

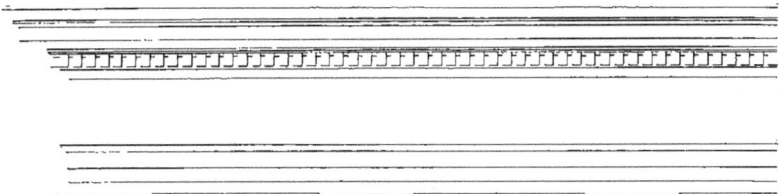

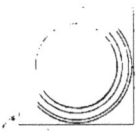

Parties 100 50 0 1 2 3 4 5 6 7 8 9 10 Modules

J. A. Renard Architecte.

Gravé sur acier par Guyart.

Pl. 17.

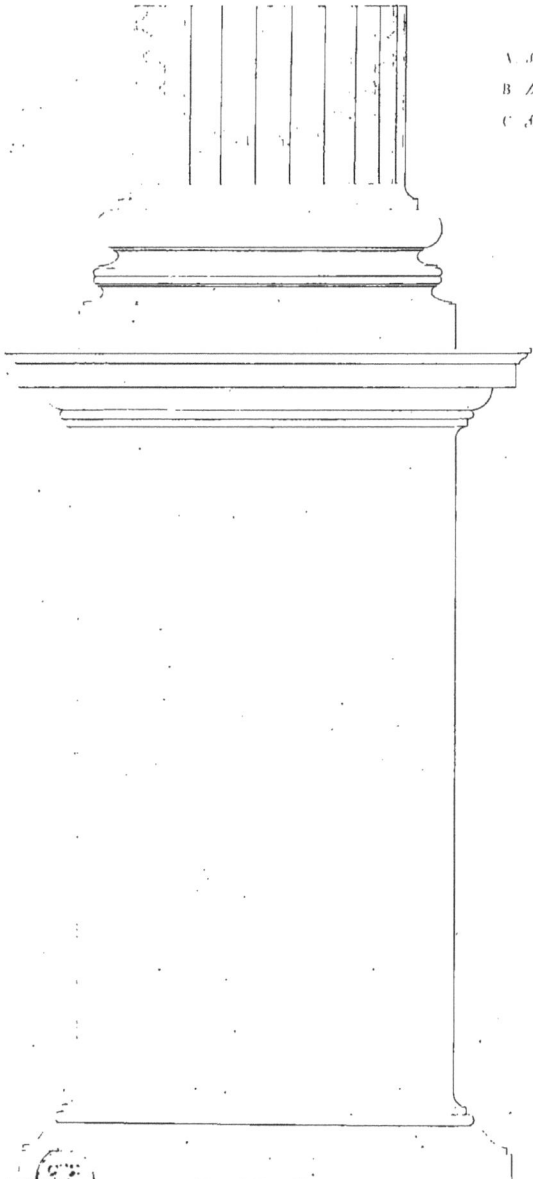

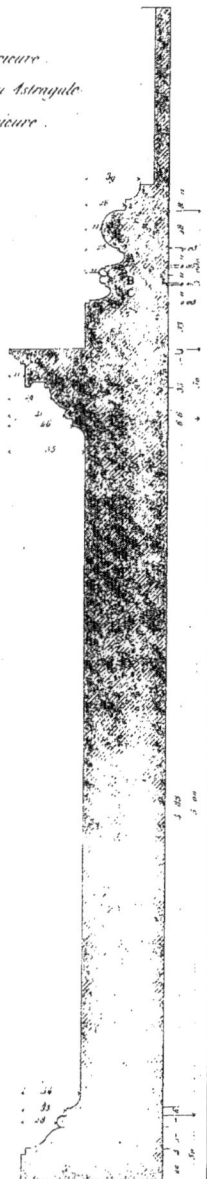

A   Scotie supérieure.
B   Baguette ou Astragale.
C   Scotie inférieure.

Gravé sur acier par Guiguet.

Imposte et Architrave

Face latérale du Chapiteau

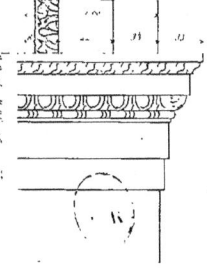

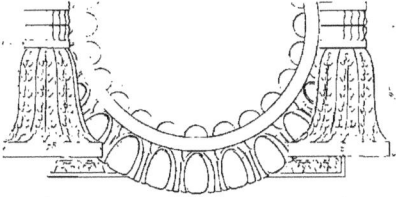

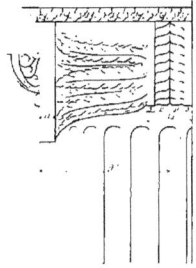

Plan du Chapiteau

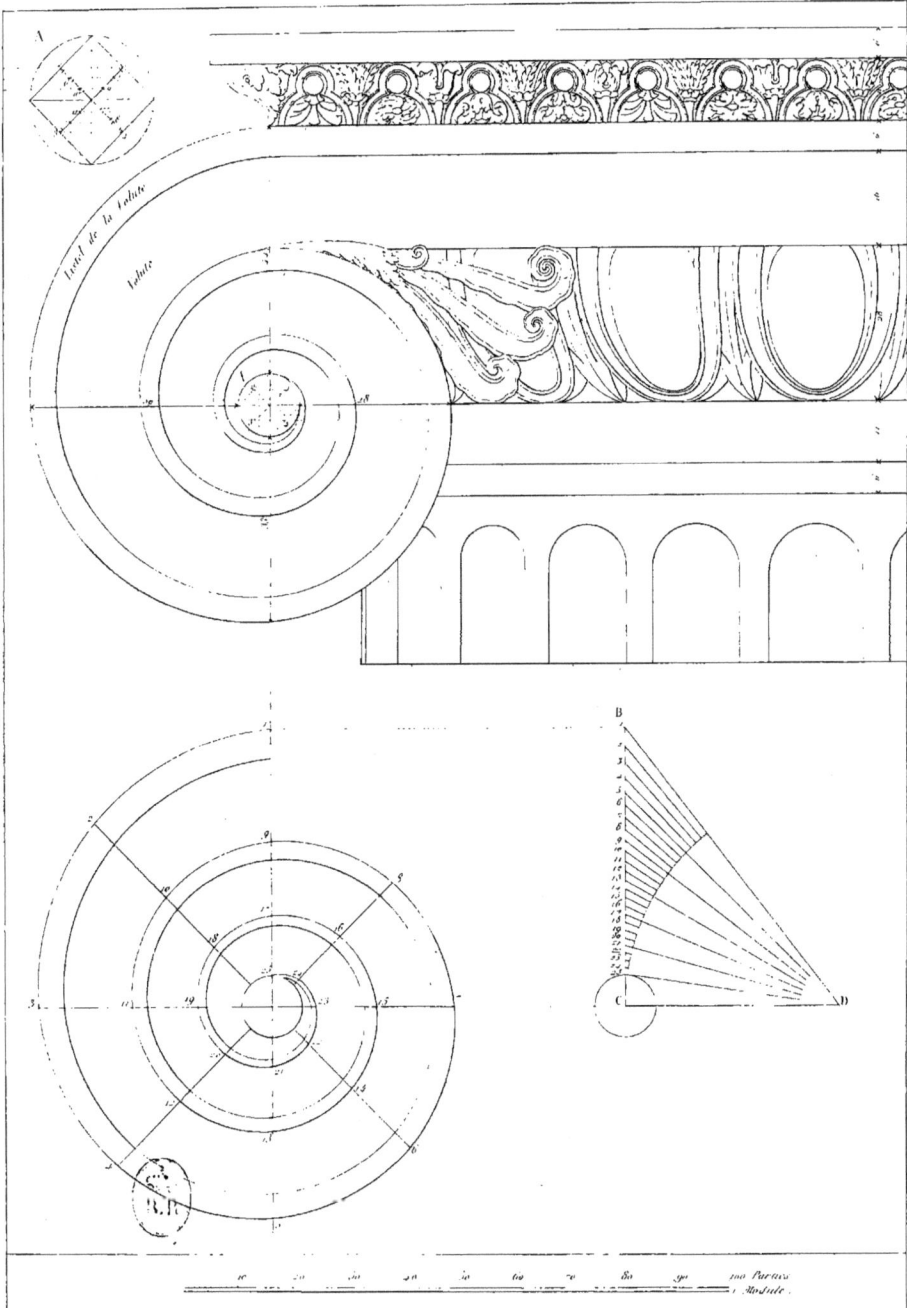

9 00
12 00

Parties 100   50   0   1   2   3   4   5   6   7   8   9   10 Modules

PORTIQUE CORINTHIEN AVEC PIÉDESTAL.

P. A. Benard Architecte

Gravé sur acier par Guiguet

Pl. 23

Parties 100   50   0   1   2   3   4 Modules

F A Renard Architecte   Gravé sur acier par Guibert

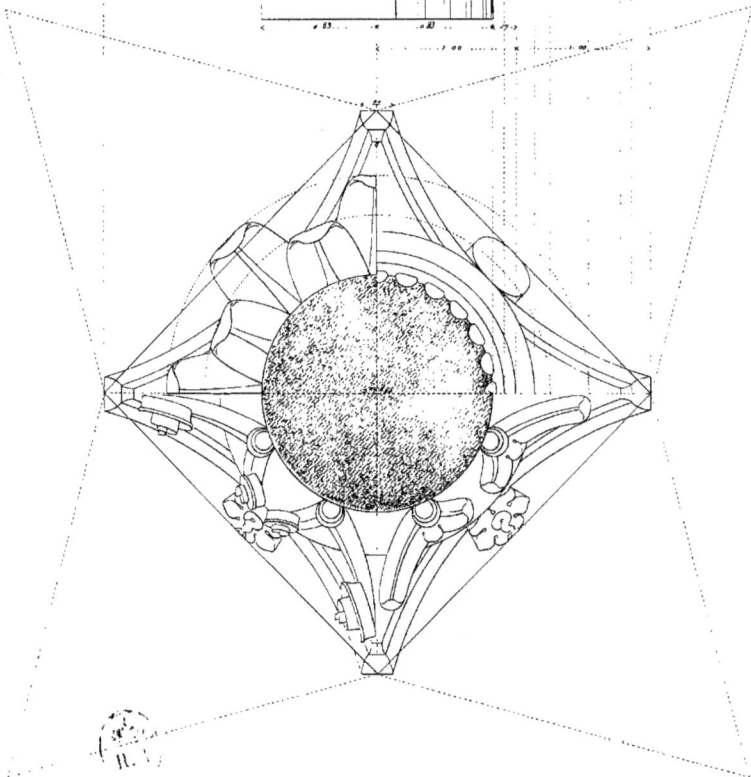

Parties 100   50   0   1   2   3   4 Modules

Pl. 26

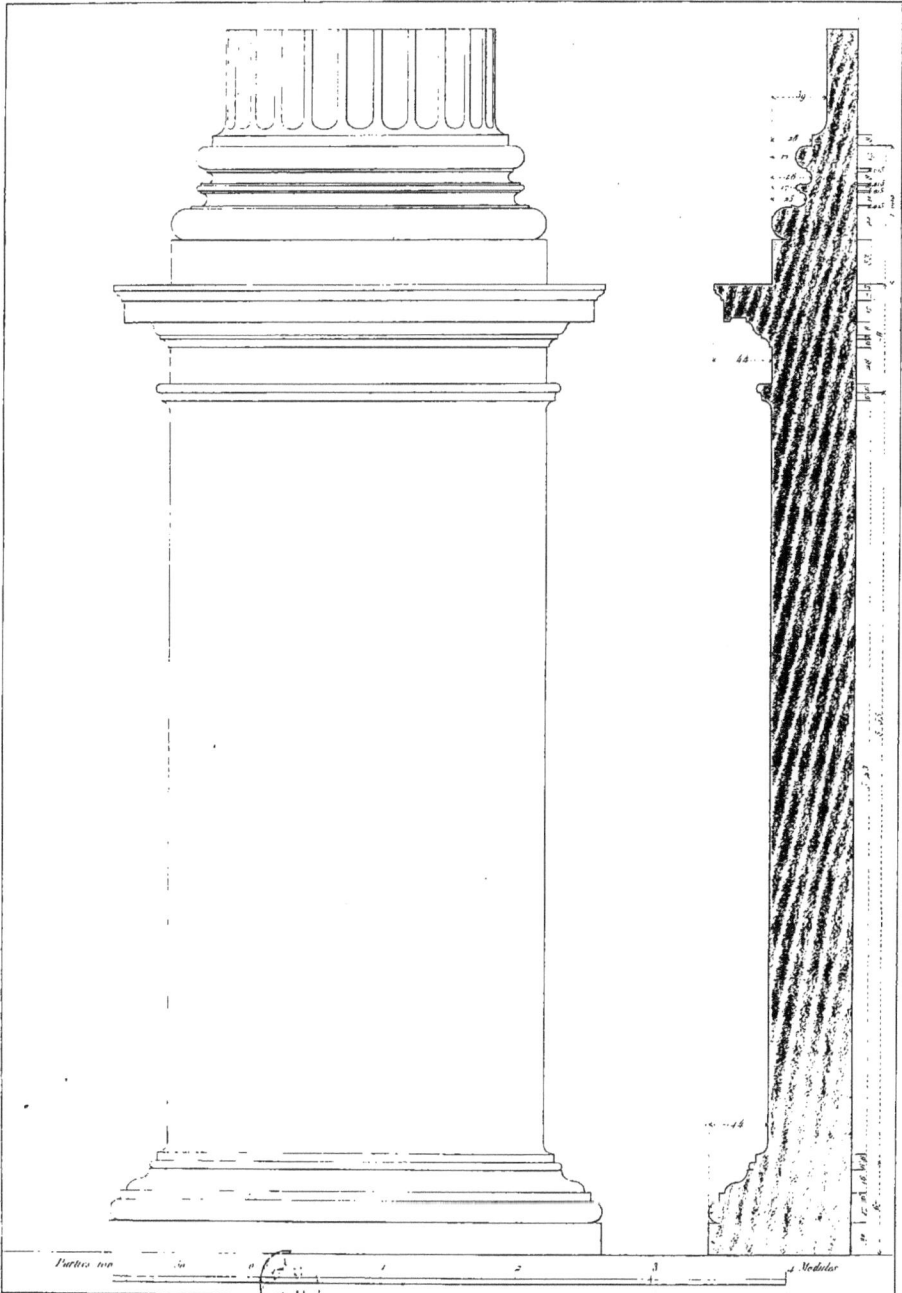

Parties   0   1   2   3   4 Modules

F. A. Renard Architecte.

Gravé sur acier par Guignet

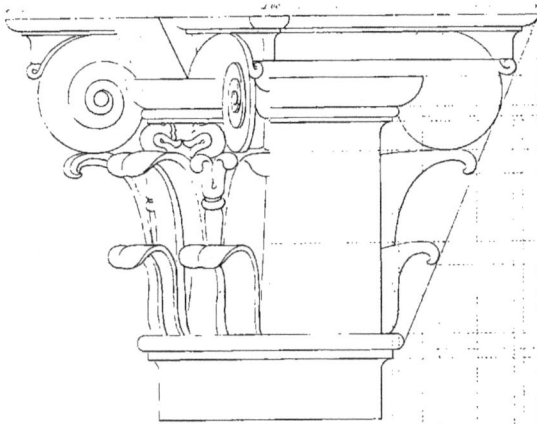

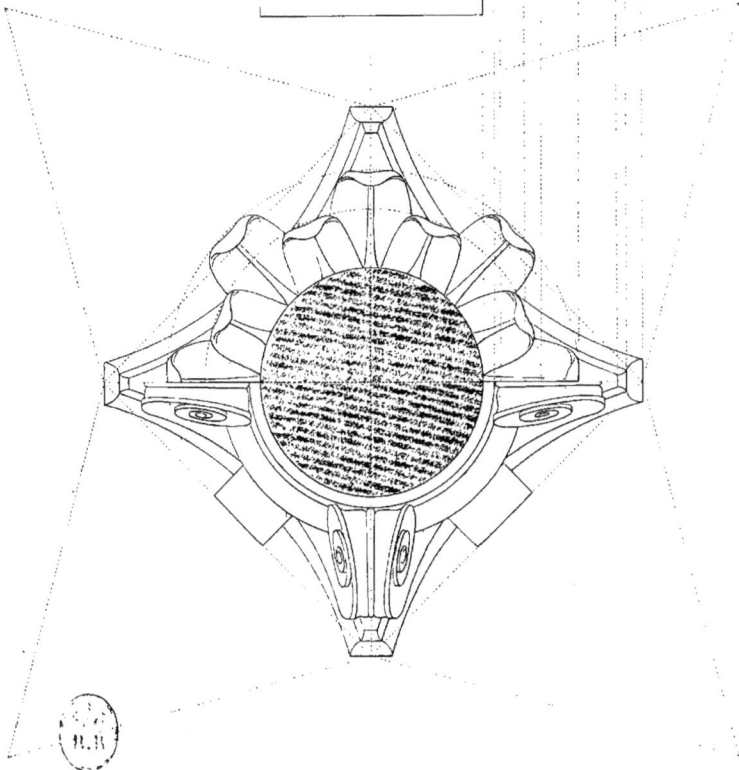

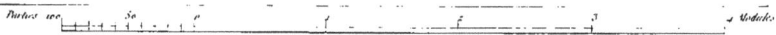

F. A. Renard *Inv. del. et*   *Gravé sur acier par Guéguet*

Pl. 28

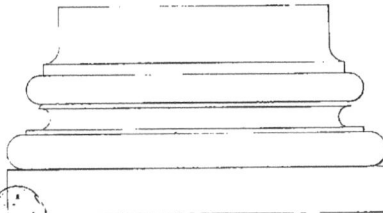

F A Renard invenit et del.   Gravé sur acier par Gaugart

Congé   Baguette.   Double Baguette   Tore

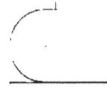

Quarts de ronds et Oves.

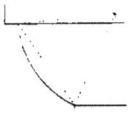

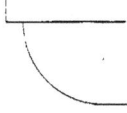

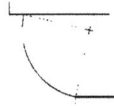

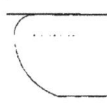

Cavets

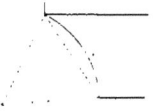

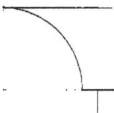

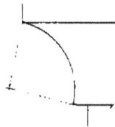

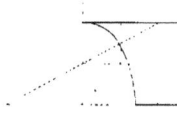

Talons droits

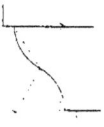

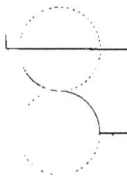

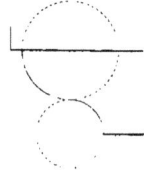

Talons renversés.

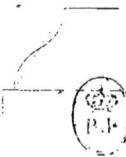

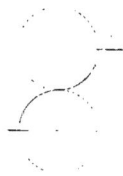

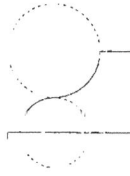

Cimaises ou Doucines droites

Cimaises ou Doucines renversées.

Scoties.

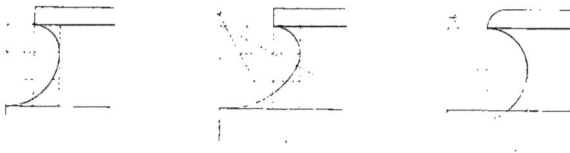

Volute

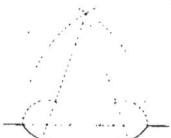

Cannelure

Cannelure

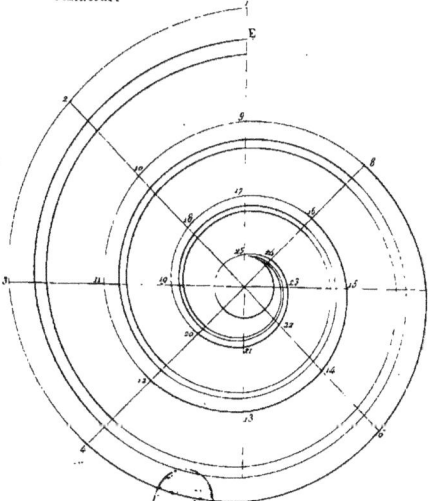

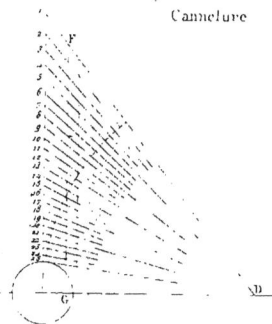

A. Renard _Architecte_

Gravé sur acier par Guiguet

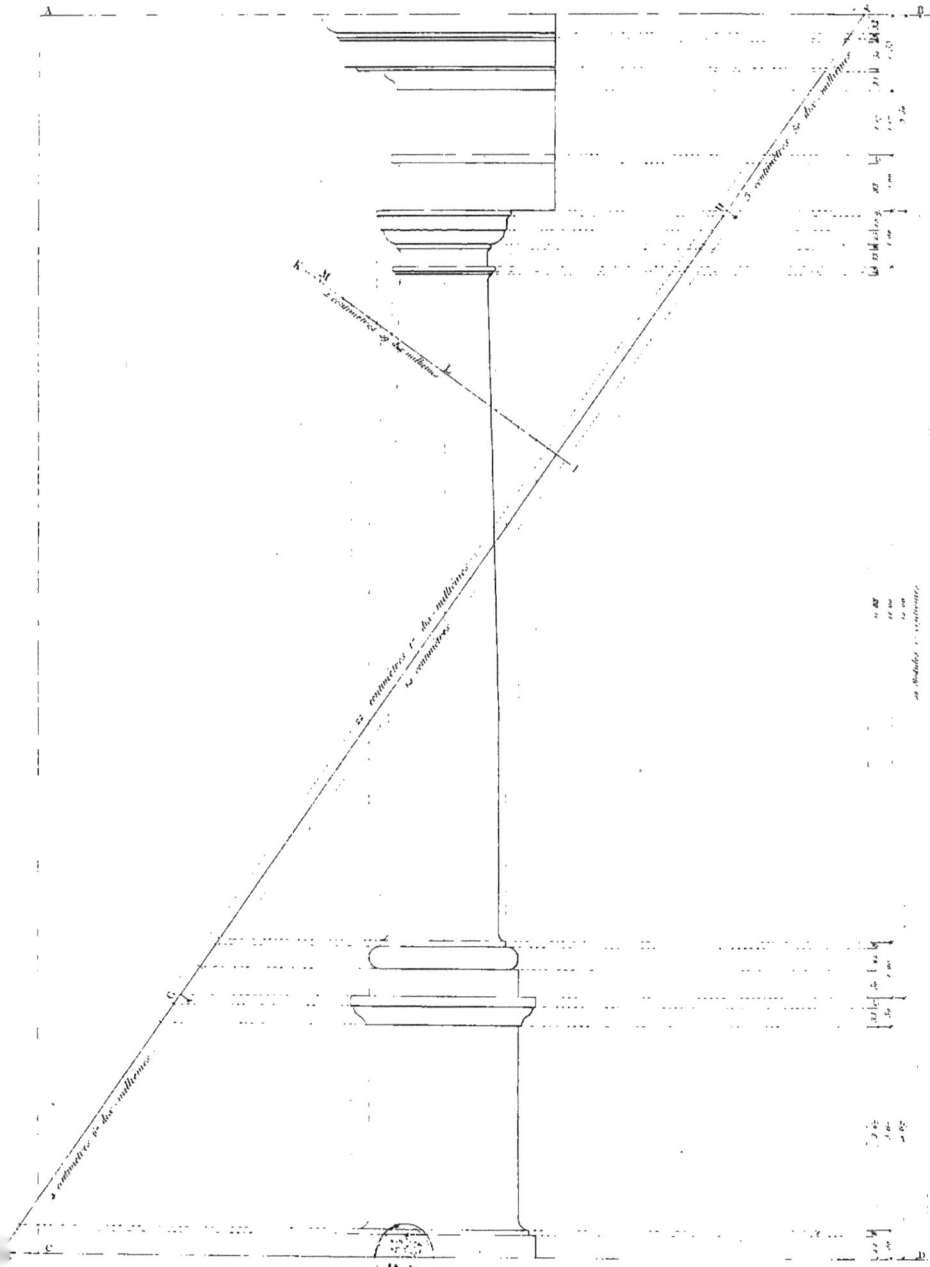

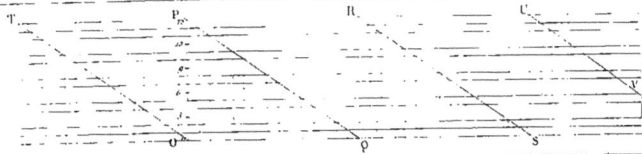

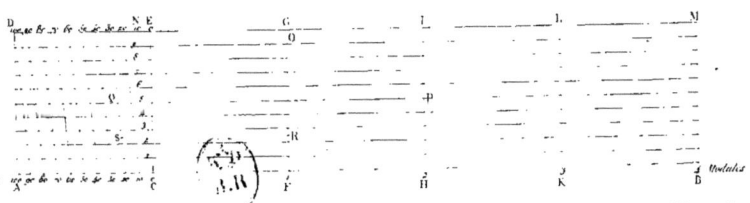

Gravé sur acier par Lambert

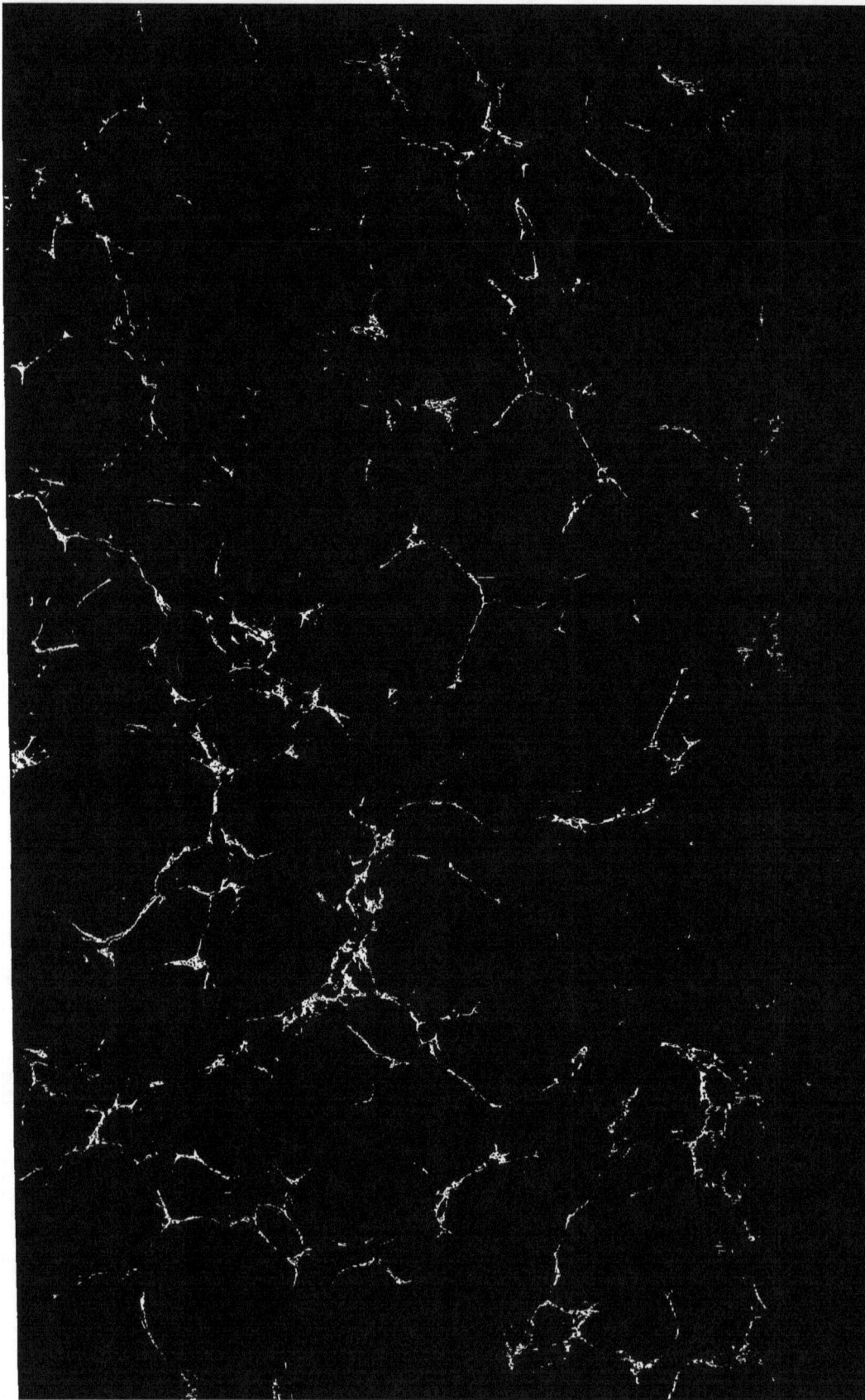

www.ingramcontent.com/pod-product-compliance
Lightning Source LLC
Chambersburg PA
CBHW060601100426
42744CB00008B/1261